KOSTENGÜNSTIGE EINFAMILIENHÄUSER

unter 1.500 €/m²

HÄUSER·AWARD
POWERED BY Beton / VPB / BDA

SANDRA HOFMEISTER

KOSTENGÜNSTIGE EINFAMILIENHÄUSER unter 1.500 €/m²

DIE BESTEN DER BESTEN

Deutsche Verlags-Anstalt

INHALT

VORWORT

Wolfgang Nagel

Die Menschen träumen von einem eigenen Haus, allen Finanz- und Immobilienkrisen zum Trotz. Es mag mit unserer Sehnsucht nach Schönheit und Vollkommenheit zusammenhängen, dass wir uns wünschen, in einer Umgebung zu leben, die hundertprozentig auf uns und unsere Bedürfnisse zugeschnitten ist. Ein eigenes Haus: das ist immer auch der Entwurf für ein Leben.

Um so einen Entwurf Wirklichkeit werden zu lassen, sind manche bereit, große Opfer zu bringen. Sie machen Abstriche von ihrem Lebensstil, verzichten auf teure Reisen, entscheiden sich für das kleinere Auto, wählen ein günstigeres Grundstück. Oder sie sparen kurzerhand an ihrem Traum – dem Haus. Im schlimmsten Fall ist ihnen dieses nicht einmal bewusst. Das Ergebnis ist fatal: Am Ende kann der Bauherr zwar ein Haus sein Eigen nennen, aber was er da realisiert hat, ist weit von dem entfernt, wovon er ursprünglich einmal geträumt hatte. Vorgestellt hatte er sich, was der italienische Schriftsteller Curzio Malaparte einmal »ein Selbstbildnis in Stein« nannte, bestellt hat er ein x-beliebiges, einfallsloses Haus aus dem Katalog.

Ein Einzelfall? Leider entstehen die meisten Eigenheime genau auf diese Weise. Nur ein verschwindend geringer Anteil von nicht einmal fünf Prozent der Einfamilienhäuser sind individuell von einem Architekten geplant. Und wer durch deutsche Siedlungen geht, findet das auf Schritt und Tritt bestätigt.

Das Traurige ist, dass viele dieser Häuser am Ende nicht notwendigerweise günstiger sind als ein Objekt, das ein Architekt mit den entsprechenden Vorgaben entworfen hätte. Der Unterschied ist die vollkommen andere Herangehensweise. Bei einem Fertighaushersteller tragen die Bauherren ihre Vorstellungen und Ideen vor, und der Berater bemüht sich, das Wunschhaus mit den fertigungstechnischen Möglichkeiten des Unternehmens umzusetzen. Einige Anbieter werben damit, dass sie sich einen ganzen Tag Zeit nehmen, um die Bedürfnisse und Lebensweise der Bauherren zu erkunden. Acht Stunden für ein lebensbestimmendes Projekt! So lange dauert bei einem Architekten, der seiner Zunft Ehre macht, allein schon das gegenseitige Beschnuppern. Er wird seinen Kunden Referenzobjekte zeigen und mit ihnen über Architekturstile diskutieren. In den meisten Fällen zeichnet er am Ende nicht genau das Haus, das seine Auftraggeber sich wünschen, sondern stellt das Bild, das sie im Kopf haben, erst einmal infrage. Wünschen kann man sich ja nur, was man kennt. Die Bauherren aber, die in der Regel architektonische Laien sind und sich zum ersten Mal mit diesen gestalterischen Fragen auseinandersetzen, kennen möglicherweise noch gar nicht, was sie glücklich macht. Hier sind die Erfahrung und Sensibilität des Architekten gefragt. Der Dialog mit den Klienten ist immer auch eine Schulung des Geschmacks. Und ich höre von Bauherren öfter, dass sie am Ende eines solchen Prozesses ein ganz anderes Haus bekommen haben, als sie sich am Anfang ausgemalt haben – ein besseres! Der Weg dorthin ist zuweilen mühevoll und beschwerlich, er kostet Zeit und manchmal auch Nerven. Nur: Sollte einem die größte Investition im Leben nicht diesen Aufwand wert sein?

Das häufigste Argument gegen ein Architektenhaus ist das Risiko explodierender Kosten. Meistens wird es vorgebracht von Leuten, die sich noch nie ernsthaft mit einem Architekten unterhalten haben, sondern sich von drastischen Budgetüberschreitungen bei öffentlichen Bauten leiten lassen. Ich will an dieser Stelle die Kostenproblematik nicht klein reden. Viele Etatabweichungen entstehen dadurch (übrigens auch beim Fertighaus), dass die Bauherren nachträglich Änderungswünsche äußern, das kann man bei einem so komplexen Projekt mit einer Vielzahl von Einzelentscheidungen nie ausschließen und sollte mit einem Pufferbetrag in der eigenen Kalkulation berücksichtigt werden. Andererseits aber verfügt der Architekt schon bei der Bauweise, aber auch durch Einzelausschreibungen über vielfältige Möglichkeiten, Kosten einzusparen. Wichtig ist es, mit ihm von vornherein einen Kostenrahmen zu definieren.

Dass man auch mit einem limitierten Budget qualitätvoll bauen kann, versucht HÄUSER immer wieder zu zeigen. Denn um den unverbesserlichen Hang zur Massenware einzudämmen, helfen nur gute Gegenbeispiele. Allerdings sollten die Baukosten eine Mindestgrenze nicht unterschreiten. Aus vielen tausend Einsendungen, die wir in der Redaktion bekommen, haben wir gesehen, dass man mit einem Betrag von 1.400 bis 1.500 Euro pro Quadratmeter sehr wohl ein ansehnliches, geschmackvolles Wohnhaus errichten kann. In unserem Wettbewerb, dem HÄUSER-Award, haben wir für das Jahr 2012 genau dies zum Thema gemacht: Wir haben Häuser gesucht, die nicht teurer waren als 1.500 Euro pro Quadratmeter. Das Ergebnis, das in diesem Buch dokumentiert ist, zeigt, dass wir mit unserer Eingangsthese nicht so falsch lagen, ja dass einige Objekte sogar noch deutlich günstiger kommen.

Der Quadratmeterpreis als Referenzgröße bietet sich an, weil er eine hohe Vergleichbarkeit gewährleistet. Zudem können Bauherren schnell überschlagen, ob die von ihnen gewünschte Größe für sie überhaupt realisierbar ist. Dennoch will ich nicht verhehlen, dass es gewisse Verzerrungen gibt, weil größere Häuser aufgrund des höheren Divisors, der Quadratmeterzahl, begünstigt sind.

Billig bauen – da denken viele an Häuser, denen man den Sparzwang schon aus der Entfernung ansieht. Darum ist es überraschend, dass das Siegerobjekt des spanischen Architekten Iñaqui Carnicero aus Beton, also einem relativ kostspieligen Baustoff, gefertigt ist (siehe S. 44). Ein kraftvoller, minimalistischer Betonriegel, der sich von der mediokren Nachbarbebauung abwendet und sich zur grandiosen Aussicht auf einen nahe gelegenen Wald und die Skyline von Madrid in der Ferne öffnet. Im Inneren spielt der Architekt virtuos mit unterschiedlichen Raumhöhen und einer kunstvollen Lichtführung. Mit 420.000 Euro Baukosten ist dieses Haus fast das teuerste im Wettbewerb. Aber es bietet auch 375 Quadratmeter Wohn- und weitere 240 Quadratmeter Nutzfläche (Baukosten je m^2 Wohnfläche: 1.120 Euro) und wurde übrigens von vornherein so konzipiert, dass es sich jederzeit leicht in zwei gleichwertige Hälften mit verschiedenen Grundrissen teilen, mithin in ein Doppelhaus verwandeln lässt (so wird es aktuell auch genutzt). Eine Haushälfte für 210.000 Euro wiederum ist bei dem gebotenen Wohnkomfort und der architektonischen Qualität kein schlechter Preis.

Günstiger als Beton ist das Bauen mit Holz, und so ist es kein Zufall, dass der zweite und dritte Preis jeweils an ein Holzhaus ging, wenngleich beide kaum unterschiedlicher sein könnten: das eine ein Ferienhaus am Hang in Vorarlberg, das andere – und das ist auch wieder eine Überraschung – ein Stadthaus in Düsseldorf (siehe S. 68). Dieses passt sich in Kubatur und Dachneigung der Umgebung an, setzt aber mit einer dunkel lasierten Holzfassade und dem Verzicht auf Vor- und Rücksprünge selbstbewusst einen modernen eigenen Akzent. Die konsequente Einfachheit des Entwurfs, die sich auch im Innenausbau fortsetzt, erzeugt im Zusammenspiel mit raffinierten Details wie den filigranen Fensterrahmen eine hochwertige Anmutung. Die Architekten Leona und Andreas Geitner haben dieses Haus für ihre vierköpfige Familie geplant, es hat 386.000 Euro gekostet, bei 218 Quadratmetern Wohn- und 112 Quadratmetern zusätzlicher Nutzfläche einschließlich der Garage (= 1.170 Euro/m^2).

Zum ähnlich günstigen Quadratmeterpreis von 1.120 Euro, aber mit 146.000 Euro in summa deutlich preiswerter ist das originelle Vorarlberger Ferienhaus auf dem dritten Preisrang (siehe S. 52). Auch hier sind es die Konsequenz der Einfachheit und die Qualität im Detail, mit denen Benedikt Bosch dieses Kleinod zum Glänzen bringt. Dabei macht er sich auf den drei Wohnebenen geschickt das nach Süden abfallende Hangareal zunutze. Über jedes noch so selbstverständliche Standardelement hat er nachgedacht und ist zu frappierenden neuen Lösungen gekommen. Viel Kreativität, viel kompromissloses Engagement ist in das 115 Quadratmeter kleine Objekt (plus 15 Quadratmeter Nutzfläche) geflossen – vielleicht auch aufgrund einer ganz besonderen Konstellation: Ein junger Architekt, der noch in einem fremden Büro angestellt ist, möchte unbedingt seinen ersten eigenen Bau realisieren und erhält die Möglichkeit von den Menschen, denen er schon seine teure Ausbildung verdankt – seinen Eltern. Da ist die Motivation noch größer, um jeden Euro zu ringen. Das Ergebnis kann sich sehen lassen.

Mit einem der preisgünstigsten Häuser des Wettbewerbs hat die Jury lange gerungen. »Low budget – high quality« hat sich der Würzburger Architekt Wolfgang Fischer bei der Gestaltung seines eigenen Domizils zur Maxime gesetzt, das nur 108.000 Euro gekostet hat (siehe S. 28)! Selbst wenn man die Eigenleistung im Wert von 12.000 Euro hinzurechnet, ist es ein extrem preisgünstiges Haus, das mit seiner 22 Quadratmeter großen Dachterrasse einen hohen Freizeitwert hat. Dank geschickter Raumaufteilung bringt Wolfgang Fischer auf den 101 Quadratmetern Wohnfläche auch noch sein Architekturatelier unter. Muss ein solches Sparwunder nicht auch belohnt werden? Spontan und dankenswerterweise erklärte sich unser Jury-Mitglied Thomas Penningh, Vorsitzender des Vorstands des »Verbands Privater Bauherren« (VPB) bereit, einen Zusatzpreis von 1.000 Euro zu stiften, sodass wir diesmal ausnahmsweise vier statt wie geplant drei Sieger feiern können.

Als Sieger können sich aber auch die drei Architekten empfinden, denen die Jury eine (undotierte) Auszeichnung zugesprochen hat, ebenso wie die anderen dreizehn, deren Projekte ebenfalls für die Veröffentlichung in diesem Buch ausgewählt wurden. Dass qualitätvolle Architektur keine Frage des Preises ist, haben sie alle eindrucksvoll unter Beweis gestellt.

PS: Wie immer, wenn es um viel Geld geht, ist es geboten, ganz genau zu sein. Darum sei hier noch einmal betont, dass wir bei unserem Wettbewerb die »Kosten für die Herstellung des Bauwerks« nach der DIN 276 zugrunde gelegt haben. Darin enthalten sind weder Kosten für die Erschließung und die Außenanlagen noch für die technische Ausstattung wie Badobjekte, Armaturen oder Küchenmöbel und -geräte. Auch das Architektenhonorar, das meist zehn Prozent der Bausumme nicht überschreitet, ist in den reinen Baukosten nicht enthalten.

OBEN: Die Jury: Thomas Penningh, Vorsitzender des Vorstands Verband Privater Bauherren (VPB); Michael Frielinghaus, Präsident Bund Deutscher Architekten (BDA); Karin Renner, Architektin, Hamburg; Wolfgang Nagel, Chefredakteur HÄUSER; Thomas Kaczmarek, Geschäftsführer InformationsZentrum Beton

MAXIMALE WOHNQUALITÄT – MINIMALE BAUKOSTEN

Sandra Hofmeister

Für manchen Bauherrn gerät der Traum vom eigenen Haus mit dem ernüchternden Blick auf die Kosten ins Wanken. Aber auch wenn die finanziellen Mittel begrenzt sind, ist dies kein Anlass zur Resignation. Denn gewusst wie, können gleichwohl Einfamilienhäuser entstehen, die individuellen Lebensentwürfen Rechnung tragen und Träume wahr werden lassen. Die helle Wohnküche, in der die Kinder nachmittags spielen und sich am Wochenende die Freunde treffen, das Schlafzimmer als ruhiger Rückzugsort mit eigenem Bad sowie ein rundherum angenehmes Raumklima, ein Haus, das die Sonnenenergie speichert und die Heizkosten reduziert – solche Vorzüge kann gute Architektur auch bei einem überschaubarem Budget bieten. Doch nur wenn an der richtigen Stelle gespart wird, finden maximale Wohnqualität und minimale Baukosten unter einem Dach zusammen. Wo aber sind die entscheidenden Kostenpunkte, bei denen sich der Rotstift ansetzen lässt, ohne dass die Qualität darunter leidet?

Baukosten sparen will gekonnt sein. Gerade wenn die finanziellen Rahmenbedingungen limitiert sind, ist die professionelle Beratung und Planung durch den Architekten umso dringlicher. Denn Bauherren müssen darauf bedacht sein, dass der Zusammenhang zwischen den Kosten und den räumlichen Qualitäten des Hauses schon in der Entwurfs- und Planungsphase transparent wird. Nur so können sie ihre Investitionen und Entscheidungen sorgfältig abwägen und gemeinsam mit den Architekten Alternativen für kostspielige Bodenbeläge und Heizsysteme oder aufwendige Grundrisse finden. Sinnvoll in dieser Phase, in der das Haus Gestalt annimmt und in seinen Details konkret wird, ist eine Prioritätenliste. Sie hinterfragt Bedürfnisse, legt Wünsche fest und prüft sie auf ihre Langfristigkeit, damit das Traumhaus auch in zehn Jahren noch ein solches ist. Denn einerseits machen Grundriss und Bauweise, Materialien im Innenraum und für die Fassade einen Lebensentwurf zu Architektur. Andererseits bilden all diese Aspekte Kostenfaktoren, die durch bewusste Entscheidungen verringert werden können.

DER GRUNDRISS

Als komplexes System gibt der Grundriss die räumliche Struktur für den Alltag vor. Er muss den individuellen Anforderungen und den längerfristigen Bedürfnissen der Bewohner entsprechen. Durch die Konzentration auf das Wesentliche – auf essentielle Räume, Funktionen und Nutzungsmöglichkeiten – kann ein sorgfältig konzipierter Grundriss aber auch die Baukosten senken, ohne dass dadurch Einschränkungen entstehen. Für Bauherren bedeutet dies vor allem, einzelne Räume und ihre Nutzung zu überdenken: Braucht das Traumhaus zwingend einen Keller? Oder kann der kostspielige Aushub des Erdreichs gespart werden, wenn die Nebenräume beispielsweise im Erdgeschoss Platz finden? Muss das Wohnzimmer ein separater Raum sein, der doch nur abends für einige Stunden genutzt wird, oder kann es durch einen offenen Wohnbereich ersetzt werden, der verschiedene Nutzungsmöglichkeiten bündelt? Je reduzierter und klarer strukturiert der Grundriss, desto eher wirkt sich dies auf die Baukosten aus. Gleichzeitig kann ein einfaches Raumprogramm Vorteile bieten. Statt in vielen, funktional einseitigen und kleinen Zimmern mit verschachtelten Gängen und aufwendigen Treppenkonstruktionen lassen sich einzelne Nutzungen wie Essen, Kochen und Wohnen auch in einem vielseitig nutzbaren Raum bündeln. Die eingesparten Erschließungsflächen können zur Optimierung der einzelnen Raumgrößen verwendet werden. Mit einem großzügigen, zentralen Gemeinschaftsbereich wiederum sind auch Schlaf- und Kinderzimmer denkbar, die private Rückzugsorte sind und mit weniger Fläche auskommen.

Grundsätzlich ist bei der Planung des Grundrisses zu bedenken, wie sich das Raumprogramm auf klar definierte Kernfunktionen beschränken lässt und welche Nutzungen zusammengelegt werden können, damit die Abläufe des Alltags unterstützt und Kostenvorteile möglich werden.

DIE BAUWEISE

Manche Bauherren legen sich schon vor der Planung beispielsweise auf ein Sichtbeton- oder ein Niedrigenergiehaus aus Holz fest. Mit Blick auf die Kosten jedoch sollte die Bauweise hinsichtlich der lokalen Ressourcen im jeweiligen Umland geprüft werden. Denn regional verfügbare Baustoffe wie Ziegel, Bruchstein oder Holz machen lange Transportwege überflüssig, was zu beachtlichen Preisvorteilen führen kann. In den waldarmen Regionen Spaniens zum Beispiel bietet sich Beton an, der als gängiges Baumaterial auf ein breites Angebot lokaler Lieferanten sowie erfahrener Unternehmen und Handwerksbetriebe zählen kann. In nördlicheren Breitengraden wiederum herrscht an Holz oft kein Mangel. Deshalb stellen sich Holzrahmenkonstruktionen oder Holzelementbauten im nördlichen Alpenraum oft als günstigere Alternativen heraus, die in Kombination mit speziellen Wärmedämmungen und Fenstern auch für Niedrigenergie- oder Passivhäuser relevant sind. Der hohe Vorfertigungsgrad der einzelnen Holzelemente in der Zimmerei verkürzt die Montagezeit auf der Baustelle und senkt die Baukosten. Lokale Handwerksunternehmen, die auf den Holzbau spezialisiert sind, können mit ihrem tradierten Know-how zudem einen reibungslosen Ablauf auf der Baustelle garantieren und besondere Verarbeitungstechniken umsetzen.

Bauweise und -materialien sind Faktoren, die sich auf das Grundgerüst der Kostenkalkulation auswirken und obendrein Konsequenzen für den Wärmehaushalt oder die Kühlung des Hauses haben. Heiz- und Kühlsysteme können die laufenden Kosten mittelfristig senken. Die zahlreichen Möglichkeiten, die sich hier bieten, würden ein eigenes Buch füllen.

Doch auch das Gebäudevolumen kann dem begrenzten Budget entgegenkommen. Dabei gilt als Faustregel, dass kompakte Gebäudekörper im Vergleich günstiger sind, weil sie weniger Aufwand in der Planung und beim Bau erfordern. Je komplexer die Gebäudehülle und der Gebäudekörper wiederum ausfallen, sei es durch Auskragungen oder Erker, Vordächer oder unterschiedliche Dachformen, desto kostenintensiver wird der Bau. Gezielte Rhythmisierungen der Fassadenflächen, etwa durch Fenster und Öffnungen, bewahren kompakte Gebäudekörper vor einem eintönigen Erscheinungsbild. Energetische Vorteile sprechen ebenfalls für einfache Baukörper. Denn durch weniger Außenflächen kann weniger Wärme abstrahlen, was sich mittelfristig auf die Heizkosten auswirkt.

DIE MATERIALIEN

Die Wahl der Oberflächen, Boden- und Wandbeläge sowie ihrer Versiegelungen und Verarbeitungen trägt maßgeblich zur Wohlfühlqualität der Innenräume bei. Durch Parkett- oder Industrieböden, verputzte oder holzvertäfelte Wandflächen entstehen atmosphärische Räume mit individuellem Charakter. Dabei kennen die Kosten für den Innenausbau kaum Grenzen, was ein sorgfältiges Abwägen der Entscheidungen nicht selten erschwert. Fällt die Wahl auf einfache und günstige Materialien, können diese Werkstoffe durch spezielle Verarbeitungstechniken in ihrer Wirkung aufgewertet werden. So entwickelt sägeraue Weißtanne, die unbehandelt im Innenraum verlegt wird, eine sinnliche Qualität – haptisch, optisch und olfaktorisch. Mit Mut zur Farbe, sei es in Form von gelaugten Weichhölzern oder eingefärbtem Estrich, entstehen auch bei limitiertem Budget charakterstarke Interieurs, die den Räumen ein individuelles Gesicht geben und sich als pflegeleichte, strapazierfähige Lösungen herausstellen. Da auch die Versiegelung und das Finish der Oberflächen Konsequenzen für das Budget haben, sollten möglichst wenig unterschiedliche Tapeten und Lacke, Fliesen oder Putze verwendet werden. Je weniger Materialien gewählt werden und je einfacher ihre Verarbeitung und Oberflächenbehandlung ausfällt, desto günstiger wird der Innenausbau. In jeder Hinsicht kostspielig hingegen ist ein Materialmix, der den Verarbeitungsaufwand in die Höhe schnellen lässt. Stimmig in den jeweiligen Kontext und in ein übergreifendes architektonisches Konzept eingebettet, können auch untapezierte Wände und Dielenböden aus Weichhölzern statt Hart- oder Tropenholzparkett die gewünschte Innenraumatmosphäre hervorheben.

Die Beispiele in diesem Buch zeigen eine ganze Fülle an Mitteln und Wegen, die Baukosten zu senken und gleichzeitig die Qualität zu steigern. Dabei sind dem Einfallsreichtum von Bauherren und Architekten kaum Grenzen gesetzt; manchmal tragen unkonventionelle Ansätze, etwa die aktive Eigenleistung der Bauherren auf der Baustelle oder die Verwendung recycelter statt neuer Ziegel, zur deutlichen Senkung der Kosten bei. Der Bau eines Einfamilienhauses stellt den Bauherrn vor Entscheidungen, welche die Notwendigkeiten einerseits und die Wunschinvestitionen andererseits zu einem runden Gesamtkonzept zusammenbringen müssen. Im Idealfall freilich stellt sich heraus, dass der gebaute Lebensentwurf so sorgfältig, solide und flexibel konzipiert ist, dass er seine Gültigkeit auch langfristig und über die Generationen hinweg bewahrt.

SONIA MIRALLES MUD

» Schon morgens freuen sich die Bewohner über die Ausblicke in die Landschaft und auf die Felsen. Der Lieblingsplatz der Hausherrin ist im Garten, auf einem kleinen Hügel zwischen der Palme und dem Johannisbrotbaum vor der Terrasse. «

MEDITERRANE LEBENSART

999 €/m²

Ferienhaus La Marseta bei Alicante (Spanien)

Wie ein Felsen ragt das kleine Ferienhaus nordöstlich von Alicante aus der mediterranen Vegetation. Sein Dach schiebt sich zwischen die Palmen und Orangenbäume der Umgebung. Elefantengras, Rosmarin- und Lavendelbüsche wachsen auf der schmalen Rampe und verstecken das Haus in der kargen Landschaft. Auch die goldbraunen Putzfassaden greifen das markante Farbspiel der Natur auf und ordnen sich ihrem Duktus unter.

Das Erstlingswerk der spanischen Architektin Sonia Miralles Mud schützt seine Bewohner, ein Ehepaar aus Alicante, mit doppelten Wänden aus Beton vor der Hitze. Unter dem langen, rampenförmigen Dach streckt sich ein durchgängiger schmaler Raum aus, der an seiner höchsten Stelle im Süden durch eine große Schiebetür betreten wird. Kleine Fensterluken sind über die nördliche Außenwand verteilt und können zum Querlüften geöffnet werden. Mit weiß verputzten Wänden und einem Sichtbetonboden, der sich auf den Außenterrassen fortsetzt, bekennt sich der Innenraum zum robusten Charakter eines ländlichen Urlaubsdomizils.

Das reduzierte Raumprogramm des Hauses fasst insgesamt 83 Quadratmeter Wohnfläche, die in einem kompakten Grundriss untergliedert sind. Mauervorsprünge entlang der nördlichen Außenwand trennen einzelne Nutzungszonen aus dem großen Innenraum ab. Wie ein großes weißes Möbelstück reihen sich auf diese Weise Bade- und Gästezimmer an der Wand auf. Der Luftraum über dem kubischen Volumen, dessen Oberflächen kostengünstig aus lackierten mitteldichten Holzfaserplatten (MDF) gezimmert wurden, kann dank einer Leiter als zusätzlicher Rückzugsort genutzt werden. Ein langer Flur erschließt die schattigen, privaten Zimmer im hinteren, kühlen Teil des Hauses.

RECHTS: Wie ein Felsen fügt sich der lange Baukörper in die karge Landschaft. Seine goldbraun verputzten Fassaden ordnen sich dem Farbspiel der umliegenden Felder unter. Auf dem rampenförmigen Dach wachsen Lavendelbüsche und Elefantengras; Architektur und Landschaft bilden eine harmonische Einheit.

Viel Sonne und Licht hingegen erhält der zentrale Wohnbereich im vorderen Teil: Er breitet sich hinter der Eingangstür aus und verlängert sich nach draußen. Im Sommer bleiben die großen Schiebeelemente geöffnet, sodass das luftige Wohnzimmer und die kleine, offene Küchenzeile direkten Anschluss zur Natur haben. Ein schmaler Fensterstreifen neben dem gusseisernen Holzofen lässt den Blick vom Sofa in die Landschaft und auf die vorgelagerte Terrasse an der Schmalseite des Hauses gleiten. Bald wird der Blauregen von der Pergola ranken und dem malerischen Essplatz im Freien Schatten spenden. In den warmen Monaten kochen die Bewohner in ihrer Sommerküche, die geschützt unter dem überstehenden Dach des Baukörpers liegt.

LINKS OBEN: Die kleinen Fenster auf der Nordseite können zum Querlüften geöffnet werden.

LINKS MITTE: Den Eingang bildet eine Schiebetür, welche die kompakte Wohnfläche des Hauses nach außen erweitert.

LINKS UNTEN: Entlang des schmalen Flurs reihen sich im hinteren Teil des Hauses Schlafzimmer und Bäder. Eine platzsparende Leiter führt in den offenen Rückzugsbereich auf dem Zwischengeschoss.

RECHTS: Der übersichtliche Wohnraum ist durch doppelte Betonwände vor der mediterranen Hitze geschützt und durchgängig mit kostengünstigem Estrich ausgelegt. Unter dem hohen Dach an der Schmalseite sind Küche, Wohnraum und Essbereich zusammengefasst.

LINKS: Zwischen den Olivenbäumen der Umgebung wird das ungewöhnliche Feriendomizil beinahe unsichtbar, so nahtlos geht seine äußere Gestalt in die Topografie der mediterranen Felslandschaft über.

RECHTS OBEN: An seiner höchsten Stelle wird das Dach zum Aussichtspunkt, von dem der Blick über die gesamte Umgebung schweift.

RECHTS UNTEN: Die umlaufende Terrasse bietet während der warmen Sommermonate zusätzliche Wohnfläche.

KOSTENSPARENDE MASSNAHMEN

Die traditionelle Betonbauweise und die Verwendung lokaler Materialien wie Kalkputz und Mörtel haben die Baukosten deutlich gesenkt. Das Raumprogramm ist auf das Notwendigste reduziert und im Inneren kommen preiswerte Materialien wie lackierte MDF-Platten, Feinsteinzeug und verzinkter Stahl zur Anwendung. Der Hauptkostenpunkt des Hauses, das begrünte Dach mit seinem dämmenden Erdreich, schafft gemeinsam mit den doppelten Betonwänden sowie den Fenster- und Türöffnungen im Sommer wie im Winter ein angenehmes Raumklima. Die Investition zahlt sich längerfristig durch ihr Energiesparpotenzial aus.

Lageplan

LINKS: Ein Dachvorsprung schützt die außenliegende Sommerküche an der vorderen Schmalseite des Hauses. Bald schon wird der Blauregen von der Pergola ranken und der Terrasse Schatten spenden.

GEBÄUDEDATEN

Grundstücksgröße: 11.841 m²
Wohnfläche: 96 m²
Zusätzliche Nutzfläche: 39 m²
Anzahl der Bewohner: 2
Bauweise: Beton mit doppelten Wänden
Baukosten gesamt: 134.803 €
Baukosten je m² Wohn- und Nutzfläche: 999 €
Heizwärmebedarf: 80 kWh/m²a
Primärenergiebedarf: 105 kWh/m²a
Fertigstellung: 2009

Schnitt

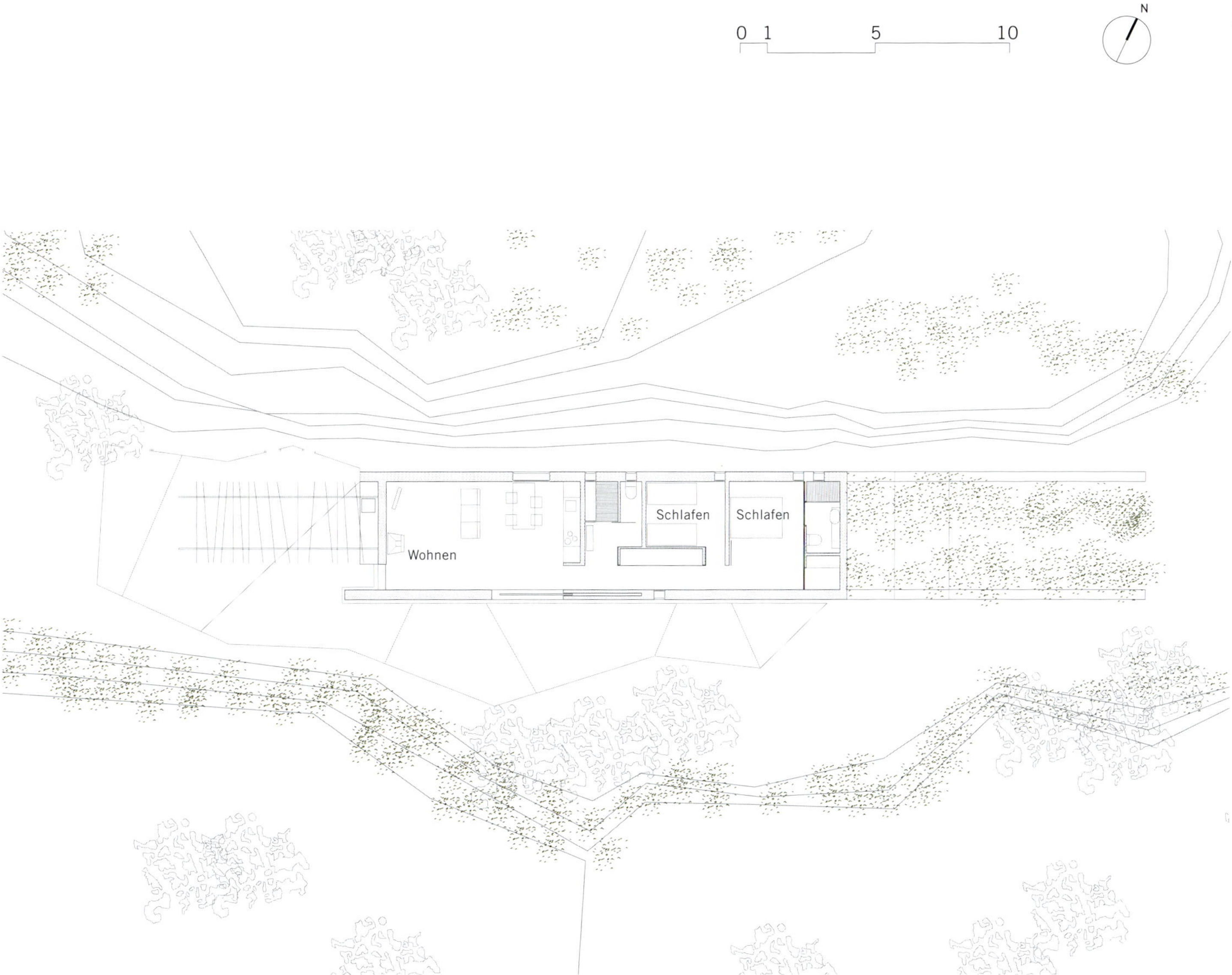

GERNOT HERTL, HERTL.ARCHITEKTEN

» Beim Neubau stand das Haus exponiert und dem Wind ausgesetzt, seine Umgebung wird jetzt aber zunehmend mit Nachbarhäusern bebaut. Vor diesem Hintergrund hat sich unser Konzept des introvertierten Wohnens bewährt. «

WOHNBURG MIT VERSTECKTEM GARTEN

1.027 €/m²

Einfamilienhaus in Wartberg an der Krems (Österreich)

Bewusst verzichteten die Bauherren auf Gartenflächen rund um ihr Haus im österreichischen Wartberg an der Krems, um die Öffnung auf das entstehende Neubaugebiet am Dorfrand zu vermeiden. Stattdessen plante der Architekt Gernot Hertl für die vierköpfige Familie einen großzügigen, introvertierten Wohnquader, der beinahe das gesamte Grundstück einnimmt. Mit Bedacht platzierte, große Fenster lenken den Blick von den Innenräumen in die Natur und blenden doch die Nachbarn weitgehend aus. Auf einen Garten müssen die Bewohner trotzdem nicht verzichten: Mit L-förmigem Grundriss öffnen sich die Wohnräume im oberen Geschoss zu einem versteckten Innenhof, der dem Hanggrundstück eingeschrieben ist. Sonnige und teilweise überdachte Terrassen, eine Grünfläche und ein Swimmingpool verwandeln den versteckten Garten in eine private Idylle. Eine Sichtmauer entlang des Schwimmbeckens schirmt den Hof von der Umgebung ab und lenkt den Blick stattdessen auf ein Maisfeld im Westen.

Das untere Stockwerk des Hauses, dessen abgerundete Kanten den wehrhaften Charakter betonen, schiebt sich aus dem rückwärtigen Hang und ist Büro- und Nebenräumen vorbehalten. Die Wohnräume hingegen liegen im ersten Stock, zu dem vom Eingangsbereich aus eine Treppe und ein Aufzug führen. Entsprechend dem L-förmigen Grundriss ist die Wohnfläche in zwei Gebäudetrakte gegliedert, die mittig an den Eingangsbereich grenzen und private sowie öffentliche Zonen voneinander trennen. Während sich die Kinder- und Schlafzimmer entlang des nördlichen Flurs versammeln, breitet sich der zentrale Wohnraum samt Küche im südlichen Gebäudeteil aus. Durchgängige Verglasungen öffnen das kommunikative Zentrum des Hauses zum Hof und geben den Blick nach draußen frei; die natursteingepflasterte Terrasse, die Rasenfläche und der Pool werden so zum ständigen Bezugspunkt und zu einem privaten Freiraum, der seine Qualitäten auch im Inneren entfaltet. Selbst das Bad samt Sauna am Ende des privaten Westflügels profitiert von der intimen Atmosphäre des Innenhofs. Übereck gesetzte Glasflächen verwandeln den großzügigen Raum in eine lichtdurchflutete private Wohlfühloase, die vor den Blicken der Nachbarn sicher ist.

RECHTS: L-förmig ordnen sich die Wohnräume um einen versteckten Garten, der das ruhige Zentrum des Hauses bildet. Rasenfläche und Pool sind vor den Blicken der Nachbarn geschützt und von großzügigen, teilweise überdachten Terrassen gesäumt.

OBEN: Als private Wellnessoase ist das Bad mit einer Sauna und einer freistehenden Wanne ausgestattet. Bodentiefe Verglasungen öffnen den Raum zum Innenhof und geben ihm eine hohe Aufenthaltsqualität.

RECHTS OBEN: Die offene Küche mit Schrankfurnieren aus Nussbaum ist eine Maßarbeit vom Schreiner. Sie integriert sämtliche technische Geräte und fügt sich harmonisch in den Wohnbereich.

RECHTS UNTEN: Durch- und Ausblicke betonen die Großzügigkeit der fließenden Räume. Die Wandnische im Eingangsbereich nimmt ein Bücherregal auf, ohne die klaren Linien der Gestaltung zu unterbrechen.

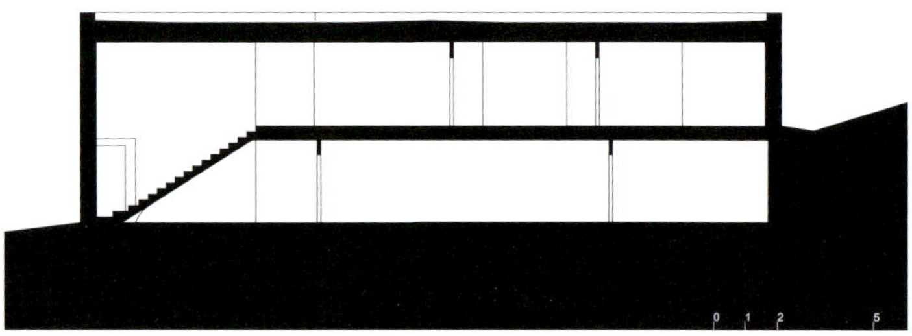

Schnitt 1

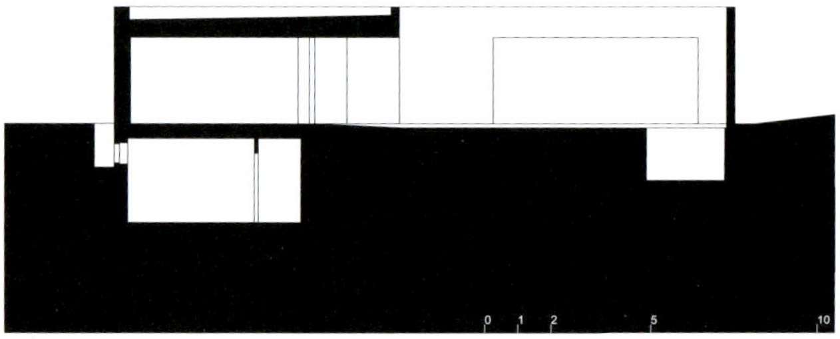

Schnitt 2

KOSTENSPARENDE MASSNAHMEN

Ohne einen geschlossenen Bauverband mit den Nachbarn ist das Prinzip des Hofhauses im Grunde kostenintensiv. Um dem entgegenzuwirken, wurden nur zwei Schenkel der Bebauung als Wohnhaus ausgeführt. Die offene Ecke ist mit einem Schuppen und einer poolbegleitenden Wand geschlossen. Wenige, aber große Öffnungen sind ein weiterer Ansatz, um Kosten zu reduzieren.

LINKS: Von außen präsentiert sich das Einfamilienhaus mit seinen abgerundeten Ecken wie eine Wohnburg mit wehrhaftem Charakter. Wenige, aber sorgfältig platzierte Fenster geben den Blick auf die Umgebung frei.

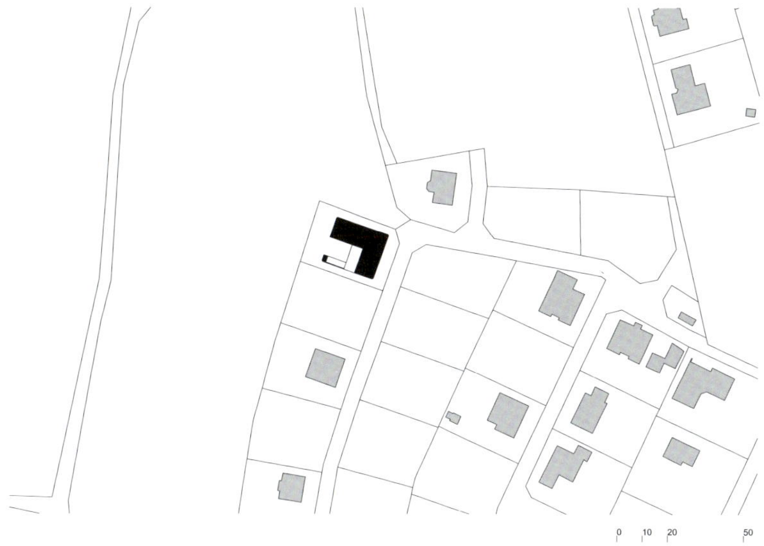

Lageplan

GEBÄUDEDATEN

Grundstücksgröße: 864 m²
Wohnfläche: 303 m²
Zusätzliche Nutzfläche: 65 m²
Anzahl der Bewohner: 4
Bauweise: verputzter Ziegel auf Stahlbeton (Untergeschoss)
Baukosten gesamt: 378 000 €
Baukosten je m² Wohn- und Nutzfläche: 1.027 €
Heizwärmebedarf: 29,0 kWh/m²a
Primärenergiebedarf: 45,4 kWh/m²a
Fertigstellung: 2009

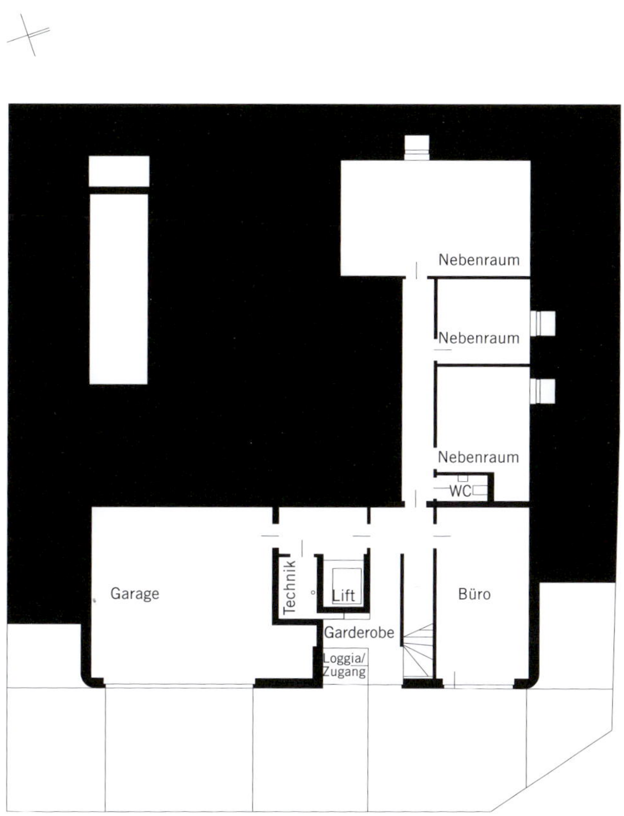

Untergeschoss

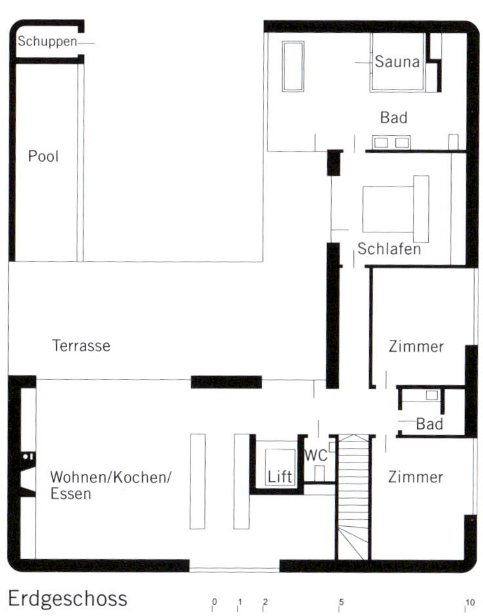

Erdgeschoss

WOLFGANG FISCHER

» Klare Räume schaffen klare Gedanken. Und mit puren, sinnlichen Materialien entsteht eine anregende Wohn- und Arbeitsatmosphäre. So wird das Alltägliche immer wieder zum Besonderen. «

SONDERPREIS

KOMPAKTER HOLZQUADER

1.069 €/m²

Wohnhaus mit Atelier in Würzburg

Gute Architektur ist keine Frage der Finanzen, sondern der Gestaltungskompetenz. Mit dieser Überzeugung setzte der Würzburger Architekt, Künstler und Hochschulprofessor Wolfgang Fischer beim Neubau seines Wohn- und Atelierhauses hohe Qualitätsansprüche an, die er trotz des knappen Budgets vorbildhaft umsetzten konnte. Dabei war die Ausgangslage für den Entwurf des Neubaus in einem Wohnvorort Würzburgs nicht einfach: Auf dem schmalen Grundstück von nur neun Metern Breite sollte ein Haus entstehen, das auf überschaubaren Flächen Wohnen und Arbeiten unter ein Dach zusammenfasst, ohne die Räume eng wirken zu lassen.

Das langgestreckte Wohn- und Atelierhaus ist in Bezug auf Konstruktion, Baumaterialien und Grundriss konsequent auf optimale Wohnqualität bei gleichzeitig überschaubaren Baukosten ausgerichtet. Die zwei Stockwerke des kompakten Flachdachquaders wurden als Holzrahmenbau auf Steinfundamenten errichtet. Durch die kurze Bauzeit konnten die Kosten reduziert werden, während sich die Bauweise im Inneren des Holzhauses durch ein angenehmes Raumklima bemerkbar macht. Die kompakte Gebäudehülle ohne Vorsprünge und mit wenigen Fensteröffnungen erleichterte nicht nur die Montage des Hauses, sie lässt außerdem weniger Wärme nach außen dringen und hat folglich klare energetische Vorzüge. Zusätzlich reduzieren hohe Wärmedämmstandards und dreifach verglaste Fenster den jährlichen Heizenergiebedarf auf 72 kWh pro Quadratmeter.

Die entspannte Atmosphäre in den Innenräumen ist ebenfalls durch das Material Holz geprägt: Auf den Böden sind durchgängig Massivholzdielen verlegt, deren warmer Farbton mit den weiß verputzten Wandflächen harmoniert. Südseitige Ausblicke in den Garten unterstreichen die helle und freundliche Stimmung zusätzlich. Während sich die Räume im Norden mit nur wenigen querliegenden Fensterschlitzen zur Straßenseite abschotten, ist die Südseite mit raumhohen Verglasungen und einer Terrasse im Obergeschoss in offene Flächen aufgelöst, die den Blick in den Garten freigeben.

RECHTS: An seiner Schmalseite öffnet sich der Holzrahmenbau mit dreifachverglasten Fenstern zum Garten. Die Holzschalung der Fassaden wird im ersten Stock zur Brüstung der großen Terrasse, die dem Wohnraum vorgelagert ist.

LINKS: Der schmale Baukörper nutzt die Tiefe des Grundstücks und hat dank seines kompakten Volumens einige Vorzüge (oben). So erweitert die überdachte Terrasse im ersten Stock den Wohnbereich um einen sonnen- und regengeschützten Freisitz (unten).

RECHTS: Das Obergeschoss bündelt Wohnen, Essen und Kochen in einem durchgängigen Raum. Während sich die Küchenzeile mit einem querliegenden Fensterband zur Straßenseite geschlossen gibt (unten), erhält der Wohnbereich durch die bodentiefen Fenster viel Licht (oben).

Das Erdgeschoss bündelt einzelne Zimmer um einen schmalen Flur, der an der Längsseite des Hauses verläuft und auch den Eingangsbereich aufnimmt. Um Platz zu sparen, öffnen sich das Schlafzimmer und das Bad mit hölzernen Schiebetüren zum zentralen Gang. Südlich geht der Flur in ein Atelier über, ein freundliches, helles Arbeitszimmer mit raumhohen Fenstern und dem Zugang in den Garten. Ein Ebenenversatz teilt die Atelierfläche in zwei Zonen mit unterschiedlichen Raumhöhen und lässt sie auf diese Weise größer wirken.

Auf der Nordseite des Erdgeschosses führt eine Treppe in den zentralen Wohnraum im ersten Stock, wo Küche, Essbereich und ein Wohnzimmer fließend ineinander übergehen. Vor dem Sofa auf der südlichen Schmalseite breitet sich eine knapp 23 Quadratmeter große Dachterrasse aus. Das auskragende Flachdach schützt den Wohnraum vor der Sonne und spendet außerdem Schatten auf dem rundherum mit dem Fassadenholz ausgeschlagenen Freisitz. Mit rund 100.000 Euro Baukosten hat Wolfgang Fischer dank kompetenter Planung und tatkräftiger Mitarbeit beim Bau ein kleines Reich geschaffen, das ebenso funktional wie wohnlich ist.

OBEN: Das Schlafzimmer ist als privater Rückzugsraum auf das Notwendigste reduziert und hat einen direkten Zugang ins Grüne.

RECHTS: Holzdielen geben den Räumen einen freundlichen, warmen Charakter. Das Atelier im Erdgeschoss wird durch das versetzte Bodenniveau in zwei Zonen gegliedert und geht nahtlos in den Flur über. Vom Arbeitsplatz aus fällt der Blick durch das große Fenster in den Garten (unten).

KOSTENSPARENDE MASSNAHMEN

Das Wohn- und Atelierhaus konzentriert sich auf das Wesentliche – auf Raum, Licht und Oberflächen, die in einfachen Materialien ausgeführt sind und ein harmonisches Gesamterlebnis schaffen. Das Gebäude ist nicht unterkellert, hat keine komplexen An- oder Aufbauten und beschränkt sich auf Holz- und Putzoberflächen. Auch durch die Eigenleistung des Architekten, der beim Bau seines Hauses tatkräftig mit anpackte, konnte am Budget gespart werden.

OBEN: Mit kleinen und wenigen Fenstern schottet sich das Haus gezielt zur Straße ab. Das kompakte Bauvolumen hat keine Vorsprünge und Auskragungen, was sich bei den Baukosten deutlich bemerkbar machte.

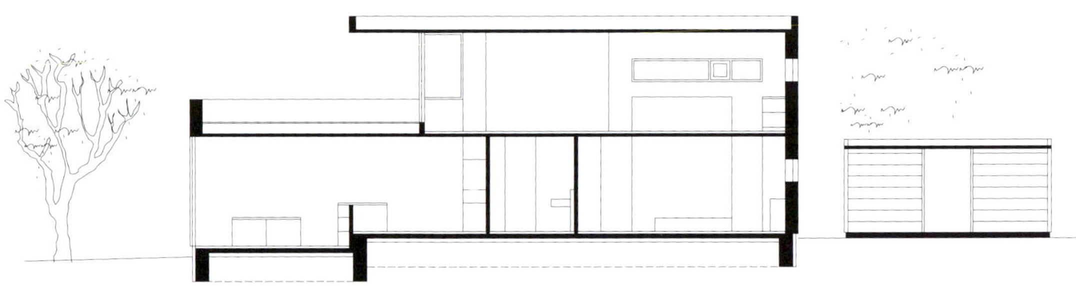

Längsschnitt

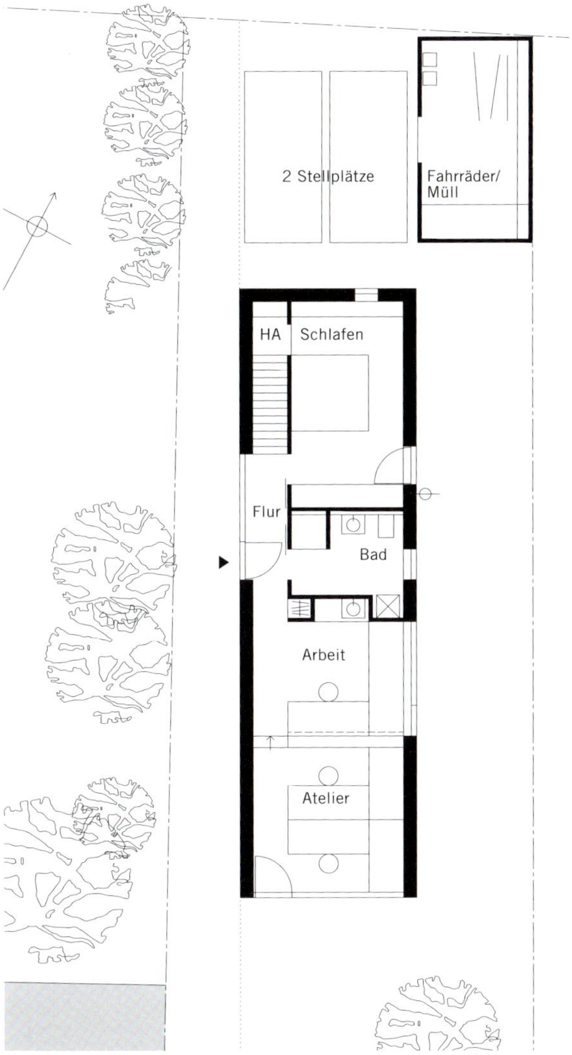

Erdgeschoss

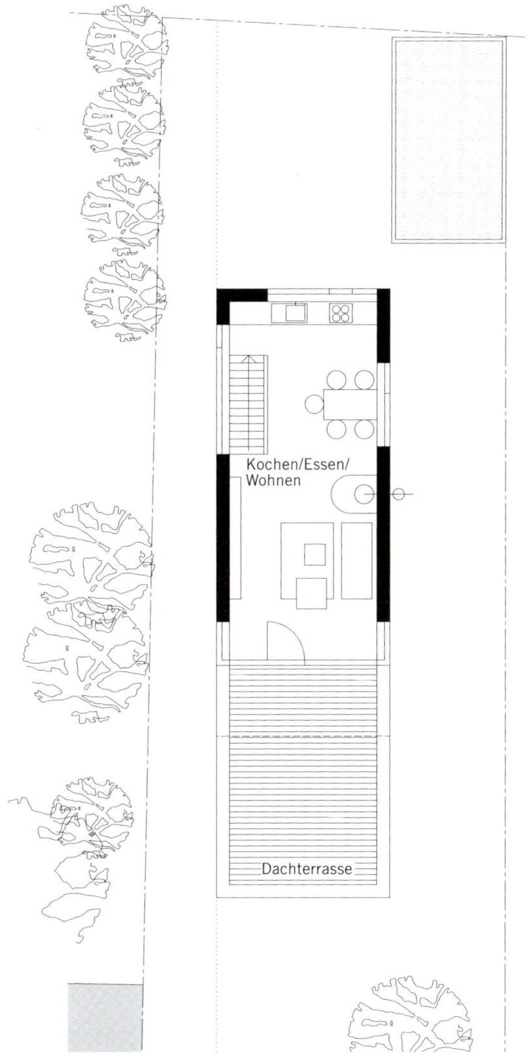

Obergeschoss

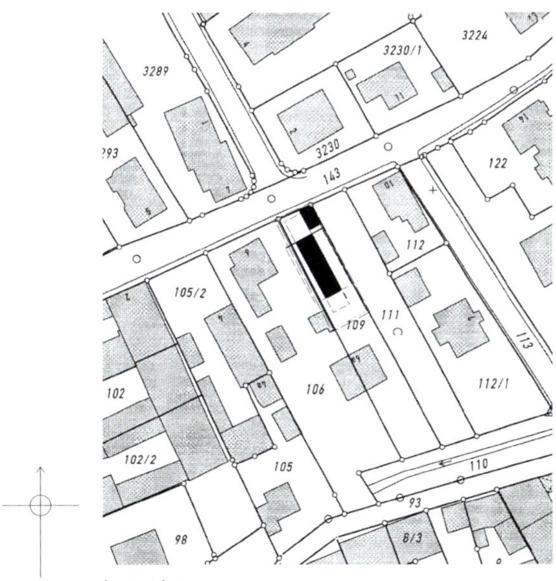

Lageplan

GEBÄUDEDATEN

Grundstücksgröße: 288 m²
Wohnfläche: 101 m²
Zusätzliche Nutzfläche: –
Anzahl der Bewohner: 2
Bauweise: Holzrahmenkonstruktion
Baukosten gesamt: 108.000 €
Baukosten je m² Wohn- und Nutzfläche: 1.069 €
Heizwärmebedarf: 72 kWh/m²a
Primärenergiebedarf: 85 kWh/m²a
Fertigstellung: 2010

ANA BONET MIRÓ UND LUCA BRUNELLI, BBLAB

» Wir haben die Bauherren schon zu Beginn des Entwurfsprozesses miteinbezogen und gemeinsam eine Liste an Wünschen für das Projekt definiert. Heute begeistern sie sich insbesondere für den Kontrast zwischen den privaten Räumen im ersten Stock und dem offenen Erdgeschoss. «

AUSZEICHNUNG

SCHATTIGES REFUGIUM

1.102 €/m²

J-House in Rocafort bei Valencia (Spanien)

Wie lässt sich der Freiraum um ein Haus trotz mediterraner Hitze zur Steigerung der Wohnqualität nutzen? In ihrem Entwurf für das J-House im spanischen Rocafort, einem Dorf nordöstlich von Valencia, fanden die Architekten Ana Bonet Miro und Luca Brunelli aus Madrid eine elegante Lösung auf diese Frage. Sie konzipierten einen zweigeschossigen, ausdrucksstarken Baukörper, unter dessen auskragendem Obergeschoss sich im Süden eine schattige Terrasse ausbreitet. Die weitgehend geschlossenen Fassaden des Hauses, das sich wie ein ungewöhnlicher Fremdkörper von seiner Umgebung absetzt, bilden ein Bollwerk gegen die Hitze. Gleichzeitig sind die Außenwandflächen in unregelmäßigem Rhythmus durch filigrane, kreisrunde Öffnungen strukturiert. Technisch wurden diese netzartigen Musterungen mit Keramikziegeln umgesetzt, die beispielsweise in traditionellen Flaschenregalen zur Verwendung kommen. Funktional bieten sie überraschende Vorzüge: Durch die Löcher erhalten die privaten Rückzugsräume im Obergeschoss gestreutes Licht und werden vor der direkten Sonneneinstrahlung geschützt.

Das Wohnhaus für ein junges Ehepaar ist in zwei Ebenen eingeteilt, die sich in ihrem Charakter stark voneinander unterscheiden. Während sich das Erdgeschoss als offene Wohn- und Kommunikationszone mit raumhohen Glasflächen zum Garten öffnet, schottet sich das Obergeschoss mit den Schlafräumen weitgehend nach außen ab. Beide Ebenen sind konsequent auf ihre Nutzungen zugeschnitten und vereinen gegensätzliche Atmosphären unter einem Dach.

Hinter der östlichen Eingangszone breitet sich im Zentrum des Hauses ein großer Wohnbereich aus. Küche, Ess- und Wohnzone sind durch eine mittige Treppenskulptur aus Stahl optisch voneinander getrennt, trotzdem gehen sie in einem fließenden Raum auf. Mit seiner durchgängig verglasten Südseite öffnet sich der helle und freundliche Wohnbereich zum Garten. Dabei wird er durch den Fassadenvorsprung vor der Sonneneinstrahlung geschützt.

RECHTS: Weiße Putzflächen mit kleinen kreisrunden Öffnungen geben dem Baukörper eine besondere Note. Das Erdgeschoss des Hauses ist nahezu komplett verglast. Unter dem auskragenden Obergeschoss im Süden befindet sich eine schattige Terrasse (oben).

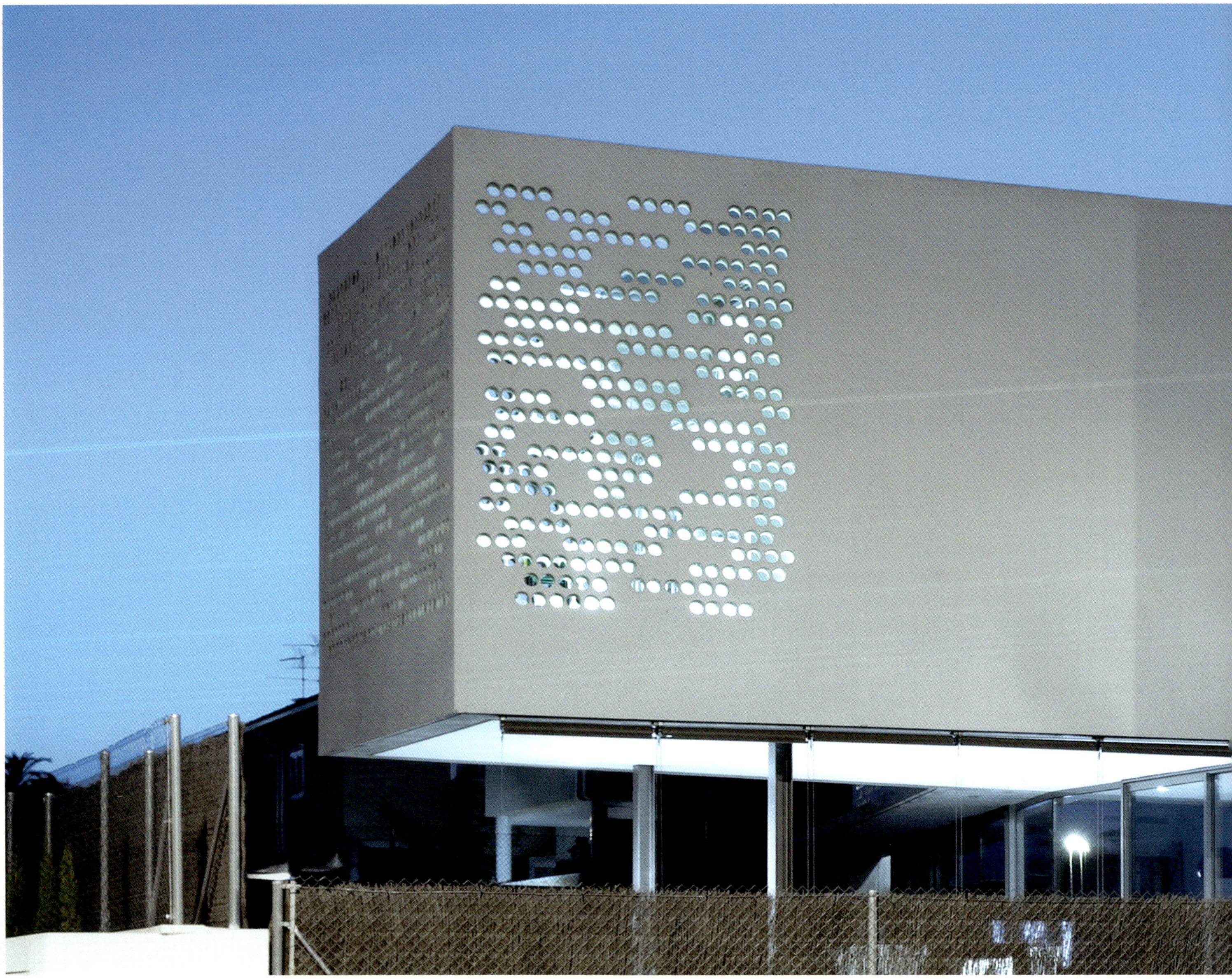

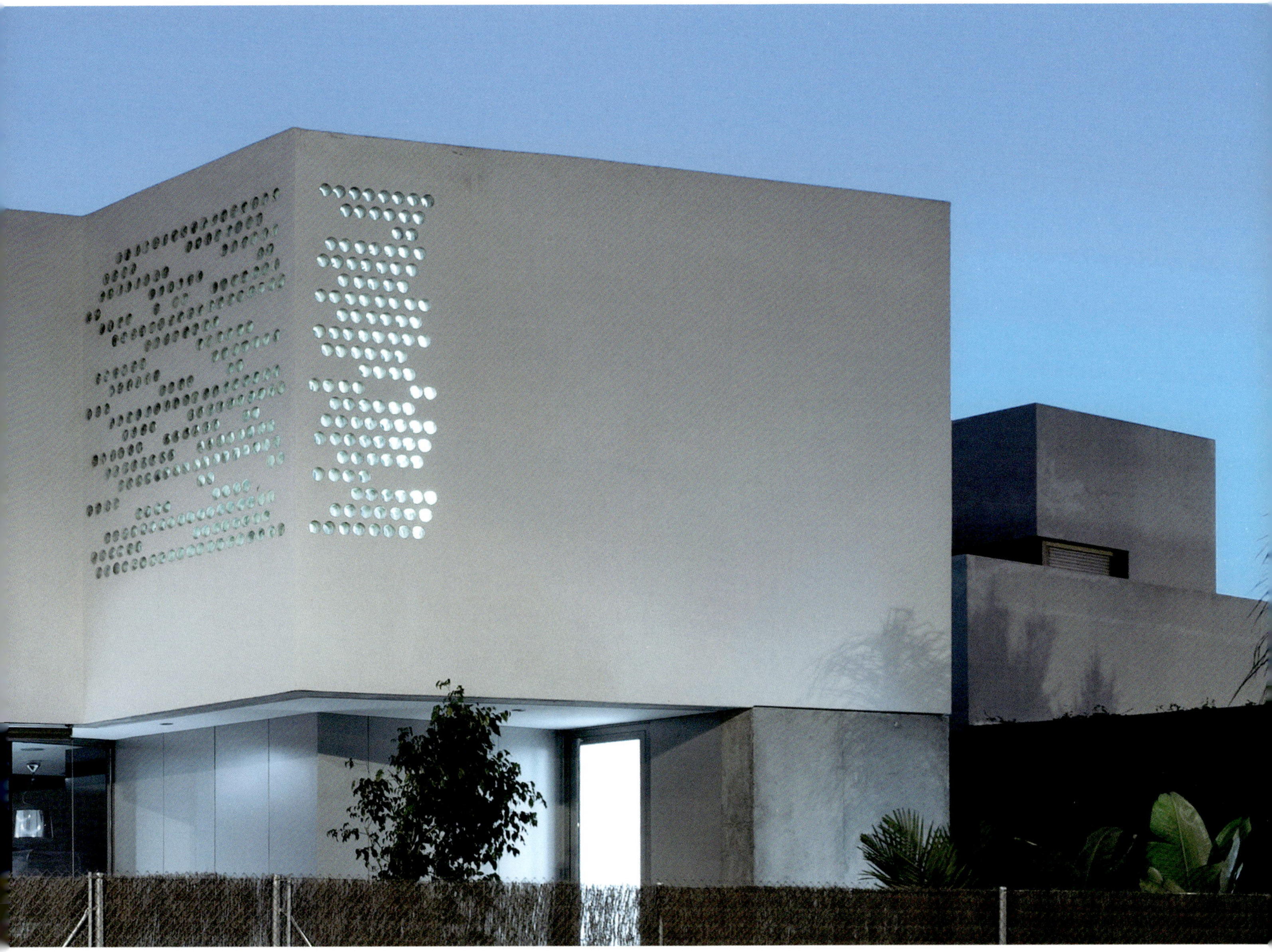

OBEN: Nachts fällt das Licht durch das Lochmuster und setzt Glanzpunkte in der Fassade. Das netzartige Muster greift die örtliche Tradition von Keramikziegeln auf, die beispielsweise für Flaschenregale zur Verwendung kommen.

LINKS: Patios erweitern die Rückzugsräume im ersten Stock. Die Lochungen der Fassaden filtert das Licht und schützt den Innenraum vor zu viel Hitze.

Im ersten Stock verbindet ein mittiger Gang die voneinander getrennten privaten Rückzugsräume. Geschickt platzierte Patios geben dem Flur sowie allen Zimmern Licht und erweitern sie um kleine Außenareale, die geschützt hinter der Fassade liegen und die Sonnenstrahlen filtern. Von der intimen Atmosphäre, die so entsteht, profitieren auch die beiden Schlafzimmer im Süden und Osten, denen jeweils ein Bad zugeordnet ist. Der große Raum im Westen ist mit einem nördlichen Patio und einem zusätzlichen Lichtschacht ausgestattet. Er wird als Gästezimmer und später einmal vielleicht als Kinderzimmer genutzt.

Während der wenigen Wintermonate sorgen geothermische Pumpen für die nötige Wärme und kühlen die Räume im Sommer. Dank des komplexen Grundrisses gelang es den Architekten, Gegensätze wie offen und privat, sonnig und schattig zu einer differenzierten Wohnlandschaft zu verbinden, die dem südlichen Klima angemessen ist.

OBEN: Das Erdgeschoss bildet das kommunikative Zentrum des Hauses. In einem großzügigen Raum vereinen sich dort Wohnen, Kochen und Essen. Bodentiefe Fenster geben den Blick in den Garten frei.

UNTEN: Die Treppenskulptur setzt eine optische Zäsur zwischen Küche und Essbereich. Als filigrane Stahlkonstruktion wird sie zu einem abstrakten Kunstwerk, das sich mal als geschlossene Fläche und mal als feingliedriges Stufengebilde zeigt.

OBEN: Im Obergeschoss bündeln sich die privaten Rückzugsräume um einen mittigen Flur. Der große Raum im Westen ist flexibel nutzbar und soll später einmal das Kinderzimmer werden. Ein Patio und ein zusätzlicher Lichtschacht erhellen den Bereich.

KOSTENSPARENDE MASSNAHMEN

Um die Baukosten zu kontrollieren und zu reduzieren, kamen ortsübliche Materialien und Techniken wie Keramikziegel und Gussbeton zum Einsatz. Im Zuge der Bauleitung beschäftigten die Architekten statt eines Generalunternehmers unterschiedliche lokale Vertragspartner und Firmen. Einzelne Leistungen konnten auf diese Weise besonders günstig umgesetzt werden.

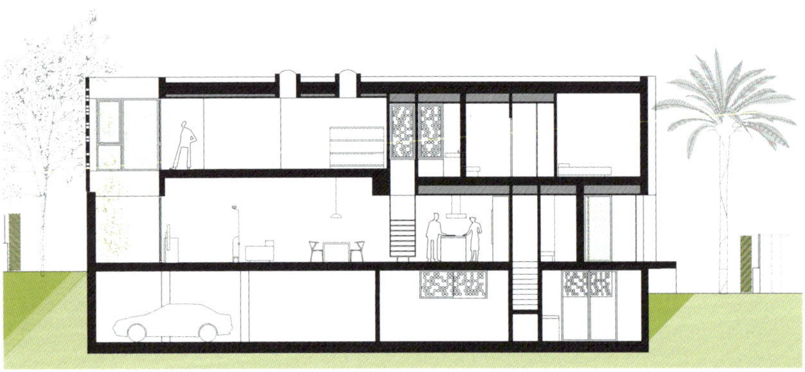

Längsschnitt

Querschnitt

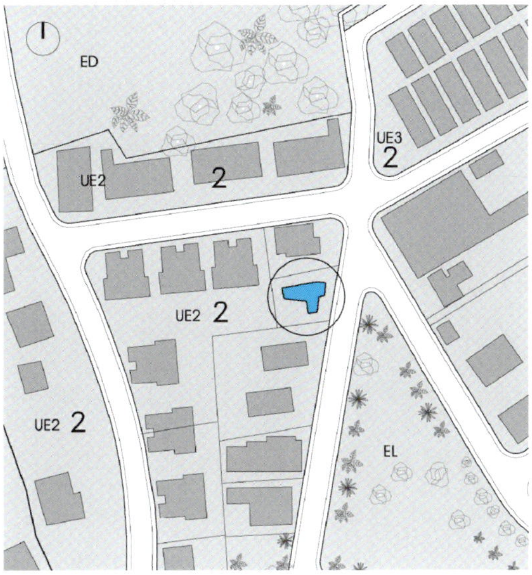

Lageplan

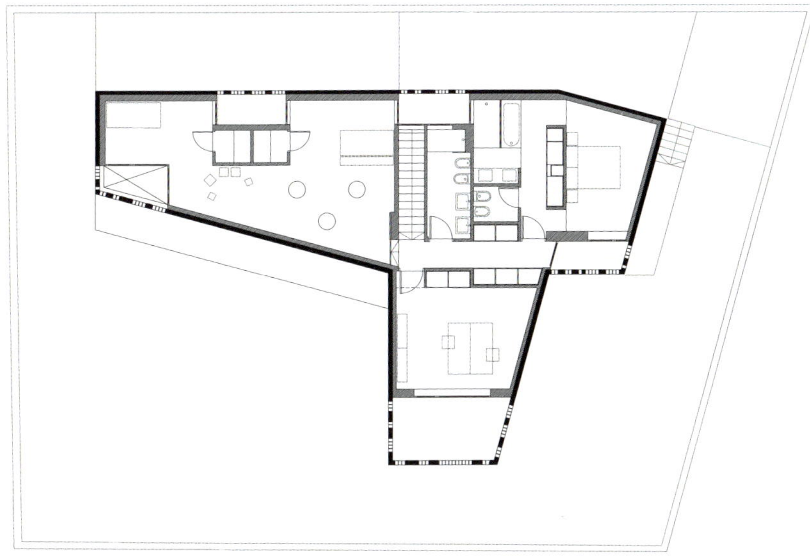
Obergeschoss

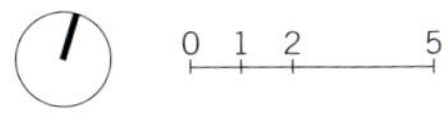

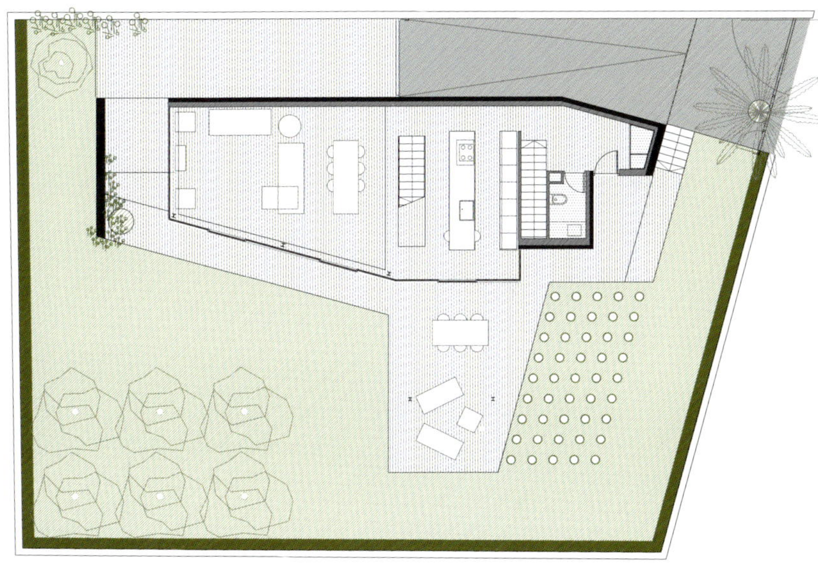
Erdgeschoss

LINKS: Der ungewöhnliche Baukörper präsentiert sich wie ein Bollwerk gegen die südliche Hitze. Während der Sommermonate sorgen geothermische Pumpen für die Kühlung der Innenräume.

GEBÄUDEDATEN

Grundstücksgröße: 513 m^2
Wohnfläche: 214 m^2
Zusätzliche Nutzfläche: 140 m^2
Anzahl der Bewohner: 2
Bauweise: Stahlbeton und Keramikziegel
Baukosten gesamt: 390.000 €
Baukosten je m^2 Wohn- und Nutzfläche: 1.102 €
Heizwärmebedarf: 40 kWh/m^{2}a
Primärenergiebedarf: 150 kWh/m^{2}a
Fertigstellung: 2010

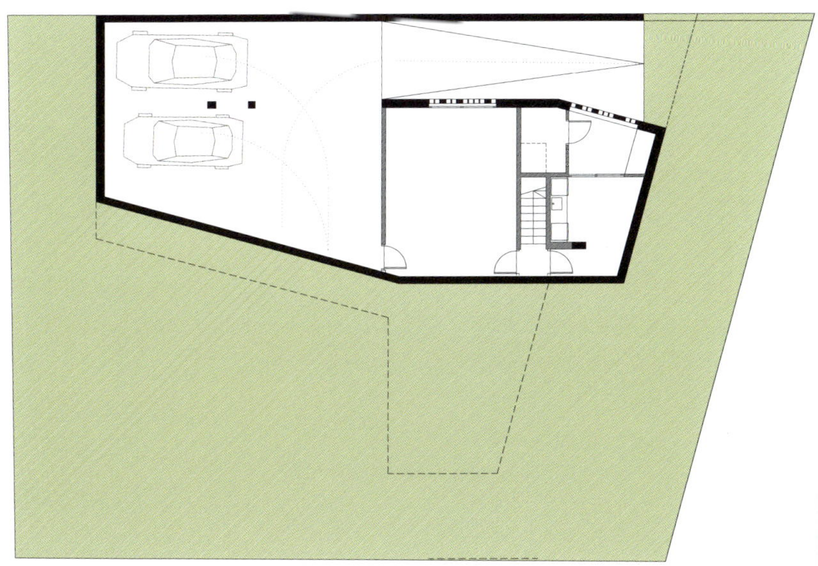
Untergeschoss

IÑAQUI CARNICERO, IÑAQUI CARNICERO ESTUDIO

» Das Haus definiert einen Raum, der Bezüge zu seiner Umgebung sucht. Durch fließende Übergänge zwischen innen und außen haben wir die physischen Grenzen der Innenräume erweitert und die Natur als Wohnqualität miteinbezogen. «

ERSTER PREIS

AUSDRUCKSSTARKE BETONSKULPTUR

1.120 €/m²

Haus 1+1=1 in Madrid

Der Blick in die Zukunft kann tückisch sein, gerade für Bauherren. Denn mit der Zeit ändern sich zuweilen auch die räumlichen Bedürfnisse und Anforderungen an das eigene Haus. So wächst der Wohnflächenbedarf mit der Zahl der Kinder und schrumpft oft nicht unerheblich, wenn der Nachwuchs ausgezogen ist.

Der spanische Architekt Iñaqui Carnicero hat ein Haus in den Hügeln von Madrid geplant, das flexibel auf die heutigen und die zukünftigen Bedürfnisse der Bauherren eingeht. Das ausladende Betongebäude wirkt trotz seiner überschaubaren Baukosten wie aus einem Hollywoodfilm. Für eine einzelne Familie ist das Anwesen mit insgesamt 375 Quadratmetern Wohnfläche großzügig bemessen. Derzeit allerdings wird die Villa von zwei Parteien als Doppelhaus mit entsprechend halbierten Grundrissflächen genutzt. Die beiden separaten Wohneinheiten, im Osten und Westen des langen Baukörpers, stoßen mittig aneinander und orientieren sich auf dieselbe Terrasse. Auch den Pool nutzen die Nachbarn gemeinsam. Für die Zukunft jedoch hat das Bauherrenehepaar, das derzeit in einer Haushälfte wohnt, die Option, die Flächen zu verbinden und allein in der Villa zu residieren.

Die markante Ästhetik des klaren Gebäudekörpers vertraut rundherum auf Sichtbeton: Fassaden, Innenwände und Decken sind aus dem rauen Material gegossen. Im Spiel der Sonne kontrastieren Licht- und Schattenzonen auf den grauen Flächen, die bereits Patina ansetzen. Die Längsseite des Baukörpers springt Richtung Süden aus einem rückwärtigen Felshang hervor. Wie eine Plattform ragt die Terrasse aus dem Gelände und bietet ein unvergleichbares Panorama: Von der Wasserfläche des Pools schweift der Blick über einen bewaldeten Hügel in Richtung Tal, bis zur entfernten Skyline von Madrid.

RECHTS OBEN: Der klare Sichtbetonbau öffnet seine langgestreckte Südseite zu einer imposanten Terrasse mit Swimmingpool. Das Erdgeschoss ist vollständig verglast und wird durch das auskragende Obergeschoss vor direkter Sonneneinstrahlung geschützt.

RECHTS UNTEN: Das Gebäude springt aus dem felsigen Untergrund hervor und gleicht die Hangneigung durch das Betonplateau der Terrasse aus. Seine klare Strukturierung erhält das Haus durch eine tektonische Ordnung, die gezielt Einschnitte und Öffnungen in die Betonflächen setzt.

OBEN: Unterschiedliche Deckenhöhen machen das große Wohnzimmer im Erdgeschoss zu einem spannungsreichen Kontinuum. Dunkle Holzmöbel bieten Stauraum sowie Sitzmöglichkeiten. Sie gliedern die Fläche in einen südseitigen Wohnbereich und eine Küche, deren Fensterschlitz sich nach Norden öffnet.

Um auch im Inneren von dieser Aussicht zu profitieren, sind die Wohnbereiche im Erdgeschoss fließend mit den Außenzonen verbunden. Bodenplatten aus hellen, preisgünstigen Kalksteinplatten umranden das Schwimmbecken und sind ebenso auf der Terrasse wie in den Innenräumen verlegt. Durch die vollständig verglaste Südseite bleibt das Panorama auch vom Sofa aus noch bestimmend. Gleichzeitig mindert das vorspringende Obergeschoss die direkte Sonneneinstrahlung. Im Sommer bleiben die gläsernen Schiebeelemente zur Terrasse geöffnet, sodass Innen- und Außenräume zu einer durchgängigen Wohnlandschaft verschmelzen. Schatten finden die Bewohner an der Schmalseite des Hauses: Ihr Sommeressplatz liegt unter dem auskragenden Obergeschoss und ist vor der Sonne geschützt.

Der zentrale Wohnraum erstreckt sich über beide Geschosse und wird durch ein großes Dachfenster zusätzlich mit Tageslicht versorgt. Dunkle Holzeinbaumöbel nehmen in ihren Vorsprüngen Sitzgelegenheiten und Regale auf, sie formen an der Rückseite des Hauses Küchenschränke sowie Trennwände und bieten Platz für die Utensilien und Geräte zum Kochen. Wie ein Scherenschnitt präsentiert sich das schlanke Profil der Treppenskulptur, die mit ihrem minimalistischen Stahlgeländer in den ersten Stock führt. Den beiden Schlafräumen in jeder Doppelhaushälfte ist jeweils ein großzügiges Bad zugeordnet. Die vorgelagerte Loggia schützt alle Räume vor der Hitze und lenkt den Blick erneut in die Hügellandschaft.

Die Grundrisse der beiden Haushälften sind nicht symmetrisch, wenn auch ähnlich. Werden die Wohnflächen zusammengeführt, so wird das Erdgeschoss zu einer großen, durchgängigen Wohnlandschaft mit mehreren Wohnbereichen und zwei Küchen: Platz genug für eine Großfamilie oder mehrere Generationen unter einem Dach.

UNTEN LINKS: Durch das Fensterband im ersten Stock fallen die Sonnenstrahlen wie Scheinwerferlicht über die Galerie in den Wohnraum. Auch die Innenwände sind in Sichtbeton gehalten. Der durchgängige Fußboden aus hellen Kalksandsteinplatten lässt die Wohnflächen fließend in den Außenbereich übergehen.

UNTEN RECHTS: Auch im Bad im Obergeschoss wurde auf kostspielige Wandverkleidungen und Bodenbeläge verzichtet; die Oberflächen sind hier wie überall im Haus gestaltet. Ausblicke auf die Landschaft machen die Badewanne zu einem besonderen Ort der Entspannung.

LINKS OBEN: Raumhohe Glasflächen geben den Blick vom Essplatz an der Schmalseite des Hauses auf die vorgelagerte Terrasse und in die Landschaft frei. Ein großer Felsen, der auf dem Baugrundstück lag, wurde mit in die Terrasse integriert.

LINKS UNTEN UND RECHTS: Durch den Pool und den sehr großzügigen Außenbereich gewinnt die Villa eine Wohnqualität, die an Hollywoodfilme erinnert. Die kargen Materialien schaffen außen wie innen eine nüchterne Atmosphäre, die den beeindruckenden Ausblick auf die Landschaft noch hervorhebt.

S,M,L,XL
Dia:Beacon
Leonardo da Vinci
CASE STUDY HOUSES

KOSTENSPARENDE MASSNAHMEN

Schon bei der Planung des Hauses wurden aufwendige Konstruktionsdetails vermieden. Um zusätzlich Baukosten zu sparen, sind die Materialien in Innen- und Außenräumen reduziert und auf preisgünstige Baustoffe wie die durchgängigen Bodenplatten aus spanischem Kalkstein festgelegt worden. Dicke Betonwände vereinfachten den Bauprozess.

OBEN: Mit klaren Linien und Formen fügt sich der charakterstarke Bau in die karge Landschaft. Die Sichtbetonfassaden des Solitärs greifen die Farbigkeit der Felsen auf und setzen durch reduzierte Formen und scharfe Kanten einen spannungsreichen Kontrapunkt zur Natur.

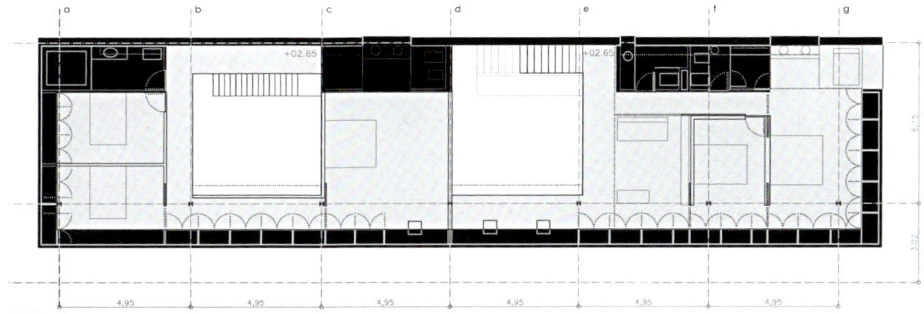

Obergeschoss

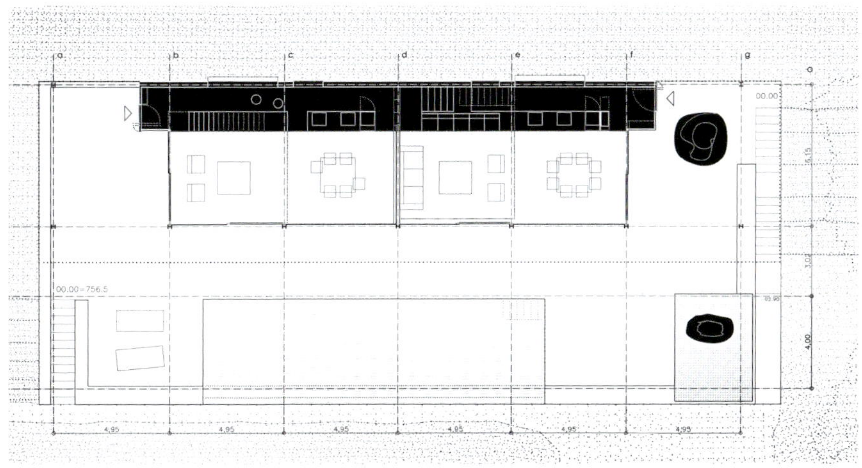

Erdgeschoss

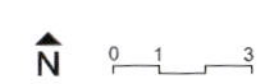

GEBÄUDEDATEN

Grundstücksgröße: 1.800 m²
Wohnfläche: 375 m²
Zusätzliche Nutzfläche: 240 m²
Anzahl der Bewohner: 4
Bauweise: Stahlbeton
Baukosten gesamt: 420.000 €
Baukosten je m² Wohnfläche: 1.120 € *
Heizwärmebedarf: 85 kWh/m²a
Primärenergiebedarf: 36 kWh/m²a
Fertigstellung: 2009

* (Um eine Vergleichbarkeit mit anderen Häusern des Wettbewerbs zu gewährleisten, wurde in diesem besonderen Fall für die Berechnung der Baukosten je m² nur die Wohnfläche angesetzt.)

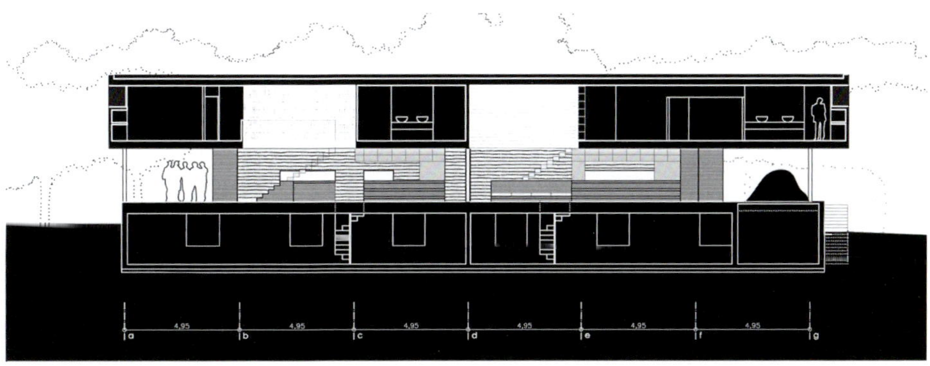

Längsschnitt

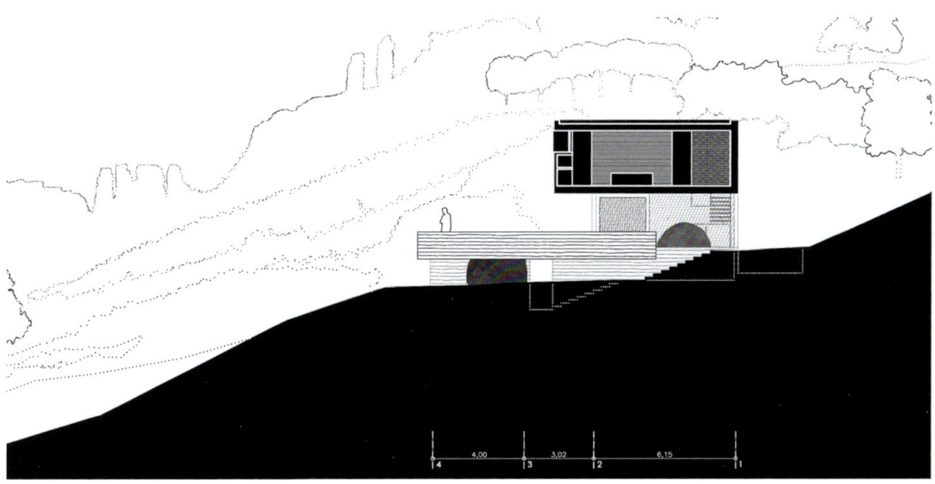

Querschnitt

BENEDIKT BOSCH

» Die Raumanordnung unterstützt den Tagesablauf der Bewohner harmonisch und selbstverständlich. Landschaft und Natur werden durch die Architektur in den Alltag integriert und zugleich geradezu inszeniert. «

DRITTER PREIS

REGIONALE QUALITÄTEN

1.123 €/m²

Ferienhaus im Bregenzerwald (Österreich)

Inmitten der malerischen Landschaft des Bregenzerwaldes gelegen, ist das Holzhaus in Krumbach eine ideale Adresse für die Ferien. Hierher zieht sich das deutsche Bauherrenehepaar im Urlaub zurück und genießt die Ruhe der Berge als Ausgleich zum Alltag. Von der großen Wohnstube aus gleitet der Blick über satte Wiesen und Wälder bis auf die Felswand des Hohen Ifen, der das pittoreske Panorama wie ein Gemälde säumt.

Benedikt Bosch ließ sich beim Entwurf des Hauses von der exponierten Lage auf einem Südhang mitten im Grünen inspirieren. Sein erstes eigenständiges Projekt konzipierte der junge Architekt als einen einfachen Baukörper, der sich die Topografie der Hügellandschaft zu eigen macht. Das Pultdach des kleinen Solitärs sowie die Fichtenschalung der Fassade verlaufen parallel zur Hangneigung. Statt eines Fremdkörpers im Grünen entstand ein einfaches, markantes Holzhaus am Waldrand, das sich harmonisch in die idyllische Landschaft fügt. Die Vorarlberger hatten für das kleine Feriendomizil schnell den passenden Spitznamen »Bienenhus« parat.

Als einzigartige Kulturlandschaft ist der Bregenzerwald auch für seine Handwerkstraditionen berühmt. Seit Generationen werden in der Region Techniken und Kenntnisse bewahrt, die auch die Holzbaukunst der Zimmerleute bis heute auszeichnen. Von diesen regionalen Qualitäten konnte das Ferienhaus auf verschiedene Weisen profitieren. So sind die oberen Geschosse des Domizils in kostengünstiger Holzständerbauweise errichtet, wobei einzelne Montageteile vorgefertigt wurden. Beim Innenausbau haben die Zimmerleute des Nachbardorfs ihr Können bewiesen: Böden, Decken und Wände im Ober- und Erdgeschoss sind mit sägerauer Weißtanne getäfelt. Die zarte Maserung, die weiche Oberfläche und der Duft des unbehandelten Holzes aus den umliegenden Wäldern geben den Räumen eine behagliche Atmosphäre, die sich zugleich modern und traditionsbewusst zeigt. Mit Bedacht auf die natürlichen Ressourcen der Umgebung wird das gesamte Haus – auch dies ist Tradition im Bregenzerwald – mit einem zentralen Holzofen beheizt. Dabei ist der Heizwärmebedarf dank der südseitigen Fensterfront und der hochwärmegedämmten Außenhülle nur gering.

RECHTS: Die Südseite des Ferienhauses öffnet sich auf das idyllische Panorama aus Hügeln und Wäldern. Der einfache Baukörper mit Pultdach nutzt die Hanglage des Grundstücks und greift die Neigung in der Fichtenschalung der Fassade auf. Ein Außenvorhang schützt die sonnige Loggia vor zu viel Lichteinfall.

LINKS: Als zentraler Raum erstreckt sich die große Wohnstube über zwei Stockwerke und schließt eine Galerie mit ein. Neben der passiven Solarenergienutzung deckt ein historischer Holzofen fast den gesamten Wärmebedarf des Gebäudes.

RECHTS: Der Essbereich profitiert vom Ausblick durch die großen Fensterflächen ins Grüne und wird durch das vorspringende Dach verschattet. Die durchgehende Verkleidung von Wänden, Böden und Decken mit sägerauer Weißtanne gibt dem Innenraum eine besondere Atmosphäre, die traditionsbewusst und modern zugleich ist.

Die Innenräume sind in einem kompakten Grundriss auf drei Ebenen organisiert und bieten auf überschaubaren 115 Quadratmetern Wohnfläche Übernachtungsmöglichkeiten für bis zu neun Personen. An die nordseitige Eingangsdiele schließt im Erdgeschoss eine große Wohnstube an, wie sie auch in alten Bregenzerwälder Bauernhäusern üblich ist. Küche und Wohnbereich gehen in diesem Herzstück des Hauses ohne Trennwand ineinander über und öffnen sich mit raumhohen Fensterflächen zu einer überdachten Südterrasse und zur Landschaft. Durch die offene Galerie im ersten Stock entsteht ein zusätzlicher Rückzugsbereich, der die luftige Wohnstube erweitert und in ein separates Gästezimmer mit schmalen, nordseitigen Fensterschlitzen führt. Zwei Schlafzimmer, eins im Erdgeschoss und ein weiteres im Untergeschoss, vervollständigen das Wohnprogramm des kleinen Ferienhauses. Überall in den Innenräumen bleibt das malerische Panorama präsent, selbst vom Bad im unteren Geschoss gleitet der Blick über die Landschaft. Nichts unterbricht die ruhige Urlaubsidylle bis auf das Plätschern eines Brunnens, dessen Quellwasser sich in ein schlichtes Becken auf der Wiese neben dem Haus ergießt.

OBEN: Kostengünstige beschichtete Schalungsplatten ersetzen die Fliesen an den Wänden der Toilette.

OBEN: Das Bad im Untergeschoss ist als offener Raum konzipiert, in dem eine freistehende Dusche platziert ist.

LINKS: Das puristische Schlafzimmer kommt mit wenig Fläche aus und gibt den Blick ins Grüne durch einen schmalen Fensterschlitz frei.

OBEN: Die Vorarlberger nennen das kleine Ferienhaus am Waldrand passend »Bienenhus«. Zur Urlaubsidylle trägt ein einfacher Brunnen bei, dessen schlichtes Betonbecken Quellwasser sammelt.

KOSTENSPARENDE MASSNAHMEN

Durch die Reduktion auf das Wesentliche – die Optimierung der Raumgrößen, die Hinterfragung ihrer tatsächlichen Funktionen sowie deren Zusammenführung in eine schlichte Kubatur – konnten der Kostenrahmen eingehalten und zugleich Wohnqualität geschaffen werden. Die Holzelemente für das Haus wurden in der Zimmerei vormontiert – das sparte nicht nur Zeit, sondern auch Kosten.

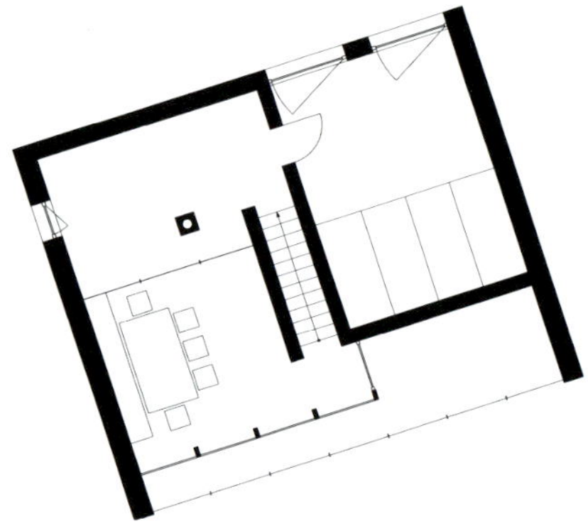

Obergeschoss

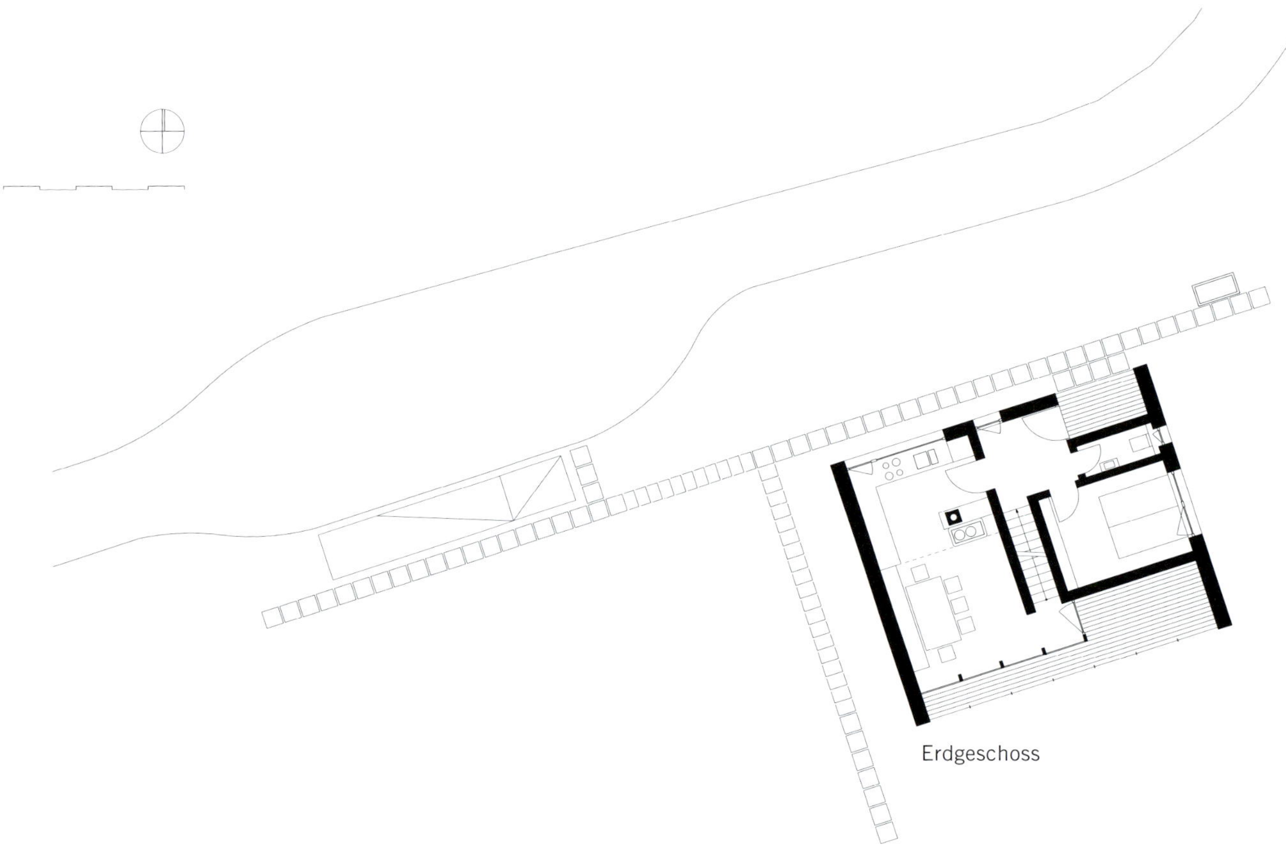

Erdgeschoss

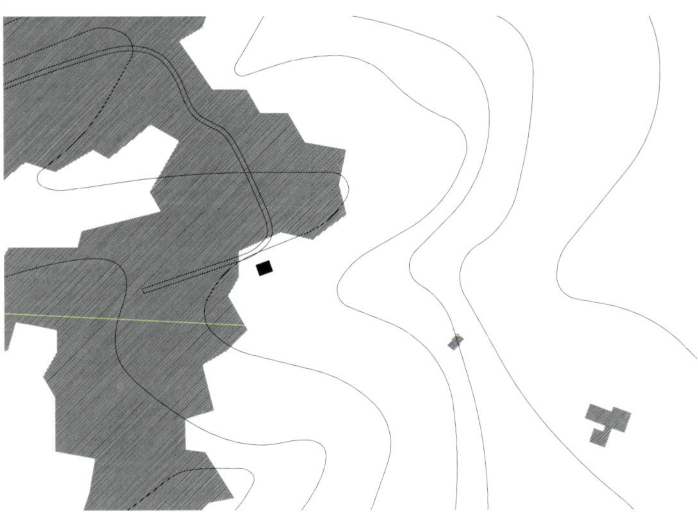

Lageplan

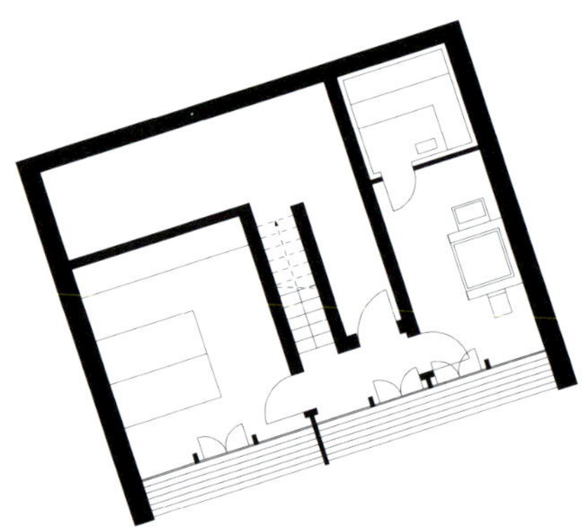

Untergeschoss

OBEN: Zur Straßenseite im Norden schottet sich der kompakte Baukörper weitgehend ab. Nur wenige Fensterschlitze und der in das Volumen eingeschnittene Eingangsbereich unterbrechen die Fassade.

GEBÄUDEDATEN

Grundstücksgröße: 580 m^2
Wohnfläche: 115 m^2
Zusätzliche Nutzfläche: 15 m^2
Anzahl der Bewohner: 2–9
Bauweise: Holzrahmenkonstruktion auf Stahlbeton (Untergeschoss)
Baukosten gesamt: 146.000 €
Baukosten je m^2 Wohn- und Nutzfläche: 1.123 €
Fertigstellung: 2010

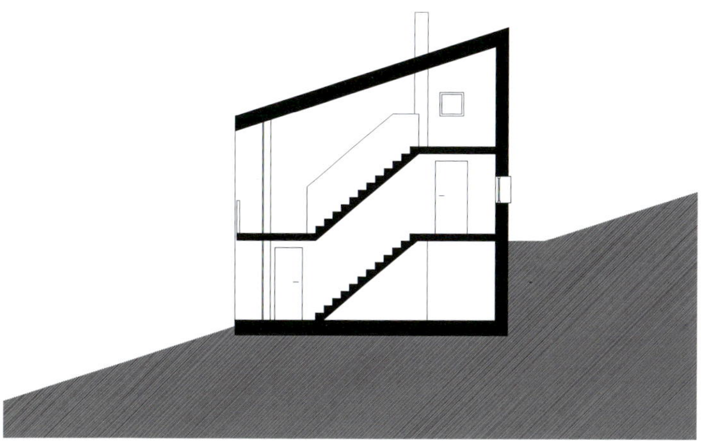

Schnitt

ANDREA UND HARALD BAUMANN

» Das Herzstück unseres Hauses ist die Wohnebene – hier bleibt der Garten ständig präsent und ist ein gefühlter Teil des Wohnraums. «

VERSETZTE EBENEN 1.136 €/m²

Split-Level-Kubus in Stuttgart

Wohnhäuser mit Halbgeschossen haben es in sich. Nur wenn die Raumfolge exakt den Bedürfnissen der Bewohner entspricht, kommen die Vorteile von Split-Levels zur Geltung. Dann nämlich hält sich das alltägliche Treppensteigen in Grenzen, und durch die reduzierten Erschließungsflächen bleibt gleichzeitig mehr Raum zum Wohnen. Von seiner großzügigen Seite zeigt sich die Verteilung einzelner Zonen auf Halbgeschosse aber erst, wenn sie für vielfältige offene Raumgestaltungen genutzt wird.

Die Stuttgarter Architekten Andrea und Harald Baumann setzten das Split-Level-Konzept ihres Wohnhauses in Stuttgart-Botnang genau zu diesem Zweck ein. Sie entwarfen ein raffiniertes Familienrefugium, dessen unterschiedliche atmosphärische Zonen ineinander übergehen und differenzierte Raumqualitäten schaffen. Von außen zeigt sich das Gebäude zwischen alten Obstbäumen zurückhaltend und schlicht. Sein monolithischer Charakter ist durch einen zurückgesetzten Gebäudeteil aufgelockert; sparsam gesetzte raumhohe Fenster strukturieren die weißen Putzfassaden.

Die Innenräume verwandeln die äußere Strenge in eine offene Wohnlandschaft, die sich zum Garten nach Südosten orientiert und einzelne Nutzungszonen übereinander staffelt. Dabei kam den Architekten die Hanglage des Grundstücks, dessen Südseite etwa ein halbes Geschoss höher als die Straßenebene liegt, bei der Organisation des Grundrisses zugute. Die Podeste und Stufen der zentralen Treppe verbinden die verschiedenen Halbgeschosse. Auf den Böden ist durchgängig Industrieparkett aus Eiche verlegt, was Treppe und Wohnräume als optische Einheit auftreten lässt. Im Erdgeschoss gehen Küche und Wohnbereich in einem hellen, zentralen Raum ineinander über. Durch die großflächigen Fensteröffnungen wandert tagsüber die Sonne und schickt ihre Strahlen durch den gesamten Wohnraum. Zwei Terrassen, auf der Garten- und auf der Straßenseite, erweitern die Wohnfläche nach draußen.

RECHTS OBEN: Sorgfältig platzierte Fensteröffnungen rhythmisieren die weißen Putzfassaden der eleganten Villa. Auf der Gartenseite breitet sich ein privates Idyll im Grünen aus.

RECHTS UNTEN: Der Innenraum ist in Halbgeschossen organisiert und durchgängig mit Industrieparkett ausgestattet. Im Erdgeschoss gehen die Flächen für Wohnen, Essen und Kochen fließend ineinander über.

LINKS OBEN: Die kompakte Küche ist durch einen Schrank vom Essbereich getrennt und öffnet sich mit einer vorgelagerten Terrasse zur Straßenseite.

LINKS MITTE: Durch- und Ausblicke nach allen Seiten machen die Wohnräume lebendig und abwechslungsreich.

LINKS UNTEN: Mit weißen Fliesen und dunklem Steinboden greift das Bad die reduzierte Gestaltung der restlichen Räume auf.

RECHTS OBEN: Bodentiefe Fenster öffnen den Wohnbereich zum rückwärtigen Garten und nehmen mit ihren naturbelassenen Lärchenholzrahmen die authentischen Materialfarben der Innenräume auf.

RECHTS UNTEN: Tagsüber wandert das Sonnenlicht durch das offene Erdgeschoss und fällt am Nachmittag und Abend in den Essbereich.

LINKS: Ein Dachfenster belichtet den zentralen Treppenraum, dessen Absätze die Halbgeschosse miteinander verbinden. Das Split-Level-Konzept reduziert die Erschließungsflächen und bündelt die Kinder- und das Schlafzimmer im ersten Stock.

RECHTS: Das abschließende Halbgeschoss bildet ein Patio, der als private Terrasse genutzt wird und vor den Blicken der Nachbarn geschützt ist. Von außen bleibt er durch seine hohen Brüstungen, die der Dachkante eingeschrieben sind, gänzlich unsichtbar.

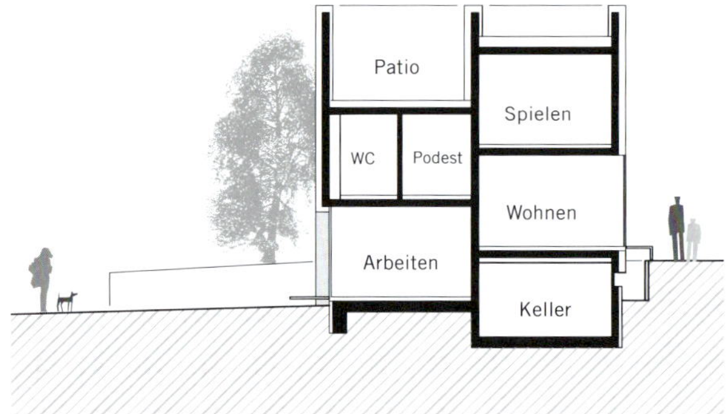

Schnitt 1

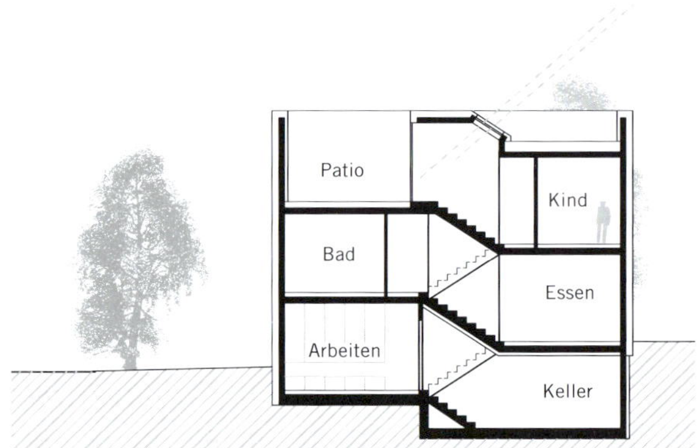

Schnitt 2

LINKS: Ein zurückgesetzter Gebäudeteil lockert die monolithische Struktur des Hauses auf. Die leichte Hanglage des Grundstücks kam den Architekten bei dem Split-Level-Konzept entgegen.

KOSTENSPARENDE MASSNAHMEN

Die geringen Baukosten sind das Resultat eines einfachen Baukörpers, der sich durch das Split-Level-Konzept außen wie innen architektonisch spannungsvoll artikuliert. Auch die Beschränkung auf wenige, einheitliche Materialien und Details spart Kosten.

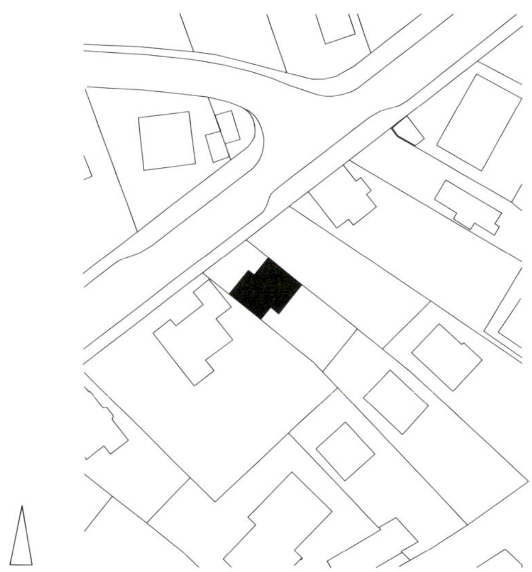

Lageplan

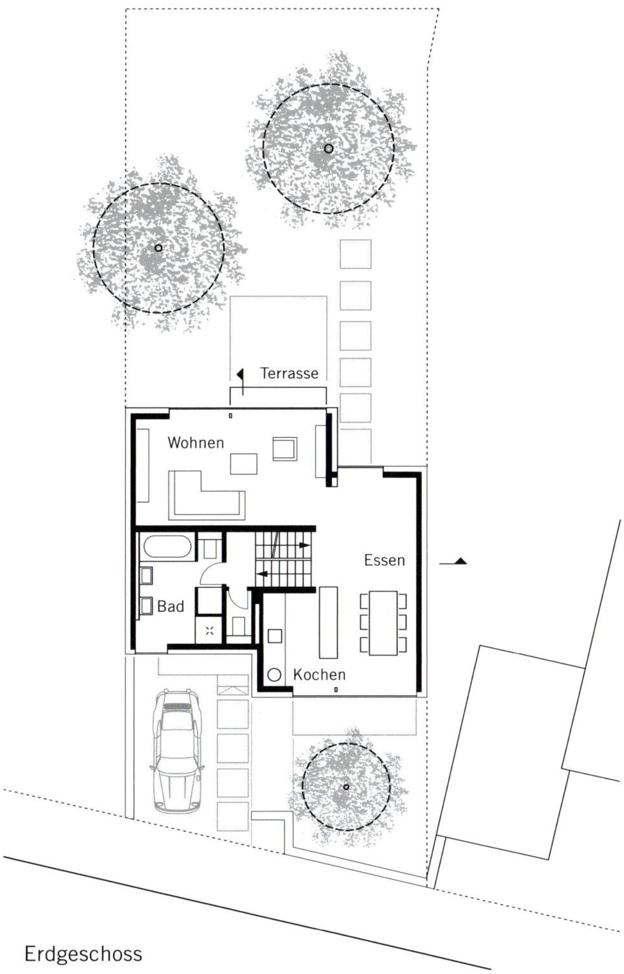

Erdgeschoss

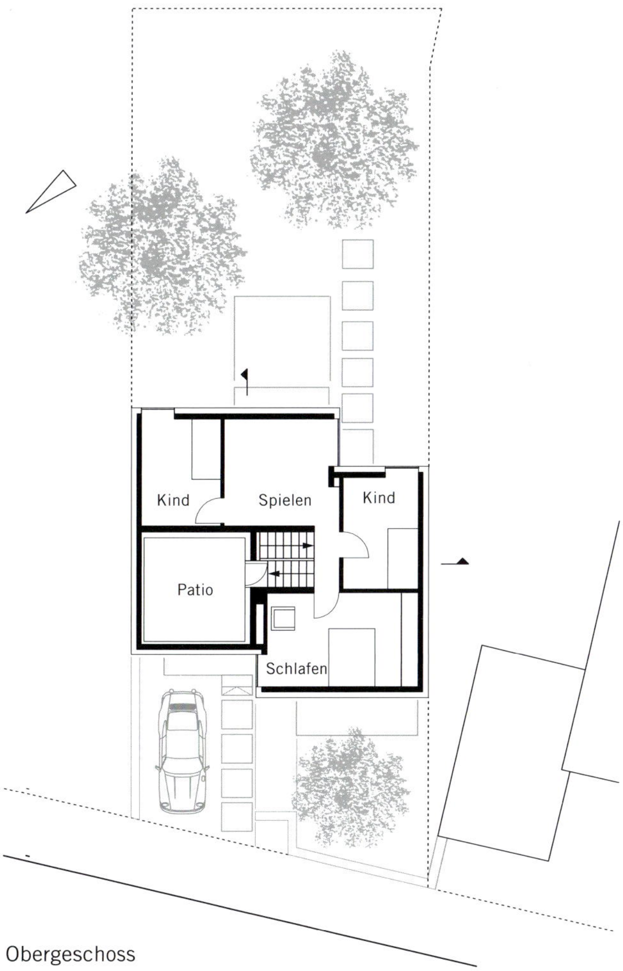

Obergeschoss

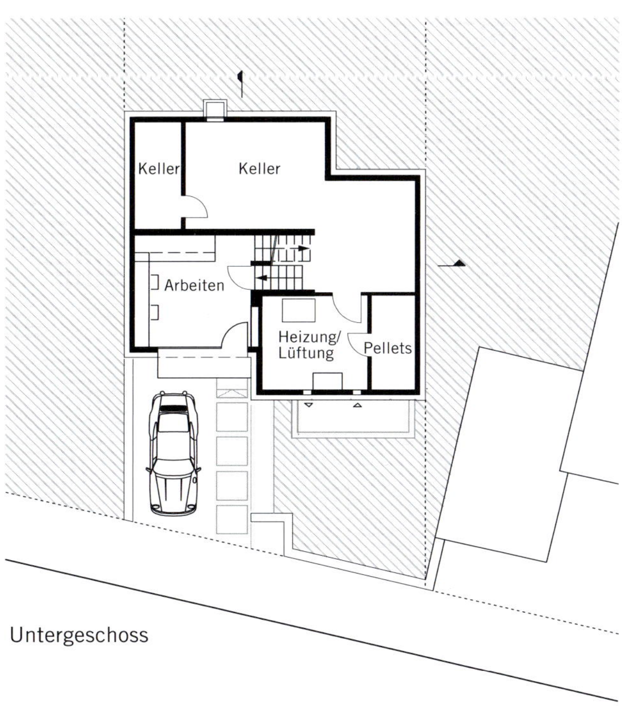

Untergeschoss

GEBÄUDEDATEN

Grundstücksgröße: 300 m²
Wohnfläche: 143 m²
Zusätzliche Nutzfläche: 55 m²
Anzahl der Bewohner: 4
Bauweise: Stahlbeton
Baukosten gesamt: 225.000 €
Baukosten je m² Wohn- und Nutzfläche: 1.136 €
Heizwärmebedarf: 89 kWh/m²a
Primärenergiebedarf: 28,7 kWh/m²a
Fertigstellung: 2009

LEONA GEITNER

» Vor allem der überdachte Außensitzplatz an der Küche wird viel genutzt. An der Küchentheke sitzen zum Frühstück die Kinder und am Wochenende auch gerne unsere Freunde. Die Büroetage mit offenem Luftraum und Bibliothek erweist sich als einer der schönsten Plätze im Haus. «

ZWEITER PREIS

FAMILIÄRE WOHNLANDSCHAFT

1.170 €/m²

Einfamilienhaus in Düsseldorf

Wie ein dunkler Monolith schiebt sich das neue Einfamilienhaus zwischen die parkähnlichen Grundstücke im Düsseldorfer Norden. Seine ebenholzfarbene Fassade glänzt im Licht und schillert dabei mal silbergrau, mal in dunklem Anthrazit. Ohne Vorsprung wölbt sich das Satteldach über den Quader und führt seine Farbigkeit Ton in Ton bis zum Dachfirst fort. Nur das kräftige Grün, das aus dem vorgesetzten Eingangsbereich leuchtet, setzt einen Akzent in der dunklen Außenhülle.

Die Düsseldorfer Architektin Leona Geitner konzipierte gemeinsam mit ihrem Mann Andreas Geitner ein kompaktes Familiendomizil, das wie eine Raumskulptur auf insgesamt 218 Quadratmetern Wohnfläche vielschichtige Qualitäten vereint. Ökologische Überlegungen haben bei der Planung des Holzhauses ebenso eine Rolle gespielt wie die Baukosten und das Raumerlebnis in den Innenräumen, deren Grundriss exakt auf den Alltag der Architektenfamilie mit zwei Kindern ausgerichtet ist. Einen guten Einblick in das facettenreiche Innenleben des Hauses gibt die Gartenseite. Dort lockern eine Dachgaube, Fenster mit filigranen Rahmen und ein transparentes Erdgeschoss die dunkle Außenhülle auf. Die südöstliche Längsseite hingegen bleibt weitgehend geschlossen und schirmt die Innenräume von der Straße ab.

Das Erdgeschoss ist über die gesamte Grundfläche in eine offene Raumkonstellation gefasst, in der Küche, Wohnzimmer und Essbereich als kommunikatives Zentrum des Familienlebens miteinander verbunden sind. Durch die raumhohe und durchgängige Verglasung profitiert der großzügige Raum vom Tageslicht und öffnet sich zum Garten. Optisch ist das Herzstück des Hauses durch eine Treppe in einzelne Zonen eingeteilt, die sich allesamt auf die vorgelagerte Holzterrasse orientieren. Der überdachte Essplatz im Grünen ist dabei der Küche im Nordwesten zugeordnet. Einheitliche weiße Fließzementböden und helle Einbaumöbel mit weiß gelaugtem Nadelholzfurnier unterstützen die luftige Atmosphäre und bilden einen markanten Kontrast zur dunklen Außenhülle.

RECHTS OBEN: Fenster in unterschiedlichen Formaten lockern die dunkle sägeraue Holzfassade zur Gartenseite auf. Das Erdgeschoss ist durchgängig verglast und erweitert die Wohnfläche nach außen; vor der Küche befindet sich ein überdachter Essplatz im Freien.

RECHTS UNTEN: Zur Straßenseite zeigt sich der klare, zweigeschossige Baukörper mit Satteldach als weitgehend geschlossener Monolith. Im Norden ergänzt ihn ein Garagenanbau.

LINKS OBEN: Der Wohnbereich kontrastiert mit seinen hellen Flächen zur dunklen Außenhülle des Hauses und bildet das kommunikative Zentrum des Familienalltags.

LINKS MITTE UND UNTEN: Oberflächen aus weiß gelaugtem Nadelholzfurnier werten die schlichten Küchenschränke auf.

RECHTS: Essen, Wohnen und Spielen sind zu einem großzügigen Wohnbereich zusammengefasst. Schlichte und kostengünstige Materialien wie der durchgehende Fließzementboden geben dem Erdgeschoss einen ruhigen Charakter.

Die Obergeschosse des Wohnhauses konzipierte Leona Geitner als private Rückzugsräume. Dänische Fenster, deren filigrane Rahmen nach außen gekippt werden, belichten die Zimmer der Kinder und der Eltern im ersten Stock. Der Luftraum des schnurgeraden Flurs, an dem die einzelnen Räume aufgereiht sind, verzahnt das Stockwerk mit dem Dachgeschoss und lässt Blickbeziehungen durch die Etagen entstehen. Unter dem Dach münden die weiß gelaugten Holzdielen der offenen Treppe in einen Galerieraum, der als Bibliothek dient und an den Wochenenden auch von den Kindern zum Spielen genutzt wird. Ein Fensterband gibt den Blick von der Dachgaube ins Grüne frei. Unter dem Dreiecksgiebel im Südwesten befindet sich ein separates Gästezimmer. Der Arbeitsbereich im Nordosten hingegen ist als offene Zone in den Luftraum gestellt.

Als ökologischer und ökonomischer Werkstoff spielte Holz für den Bau des Hauses eine zentrale Rolle. Durch vorfabrizierte Holzelemente konnten die Baukosten minimiert werden. Die dunkel lasierte, hinterlüftete Fassade speichert die Wärme. Zusätzlich reduziert eine Wärmepumpenanlage den Energieverbrauch auf Niedrigenergiestandard. Mit einem Heizwärmebedarf von 20,6 kWh pro Quadratmeter im Jahr präsentiert sich der dunkle Monolith als ebenso umweltfreundlicher wie effizienter Raumkosmos für den Familienalltag.

LINKS: Das Gästezimmer an der südwestlichen Giebelseite erhält durch ein Dachfenster zusätzliches Licht (oben). Auf der Treppe und in den oberen Etagen sind weiß gelaugte Nadelholzdielen verlegt (unten).

RECHTS OBEN: Der erste Stock mit den Kinderzimmern und dem Elternschlafzimmer ist über einen Luftraum mit dem Dachgeschoss verbunden. Durch das Fensterband der Dachgaube fällt Licht in den offenen Bibliotheksbereich, der dem Gästezimmer vorgelagert ist.

RECHTS UNTEN: Mit ihren klaren Konturen und schlichten Materialien betonen die Schränke die freundliche Stimmung im Wohnbereich (links). Auch das Bad ist zurückhaltend gestaltet und gibt von der Wanne aus den Blick ins Grüne frei (rechts).

LINKS: Fassade und Dach bilden auch farblich eine Einheit. Vor- und Rücksprünge wurden dabei sorgfältig vermieden. Mit seinem leuchtenden Grün setzt der vorgesetzte Eingangsbereich einen kräftigen Akzent in der dunklen Außenhülle.

GANZ RECHTS: Die dänischen Fenster im Obergeschoss zeichnen sich durch ihre filigranen Rahmen aus und lassen sich nach außen öffnen. Mit einer Sole-Wärmepumpanlage und Fußbodenheizung erfüllt das Gebäude die Standards eines Niedrigenergiehauses.

Lageplan

KOSTENSPARENDE MASSNAHMEN

Das kompakte Gebäudevolumen und die grundsätzliche Entscheidung, in Holzrahmenkonstruktion zu bauen, haben maßgeblich dazu beigetragen, das Budget im Rahmen zu halten. Nicht zuletzt konnte die Bauzeit auf diese Weise erheblich verkürzt werden. Mit Ausnahme der Wärmepumpe wurde auf eine aufwendige Elektro- und Haustechnik verzichtet. Für den Innenausbau fiel die Wahl auf günstige und schlichte Materialien, die durch eine präzise Verarbeitung und farbliche Behandlung aufgewertet sind.

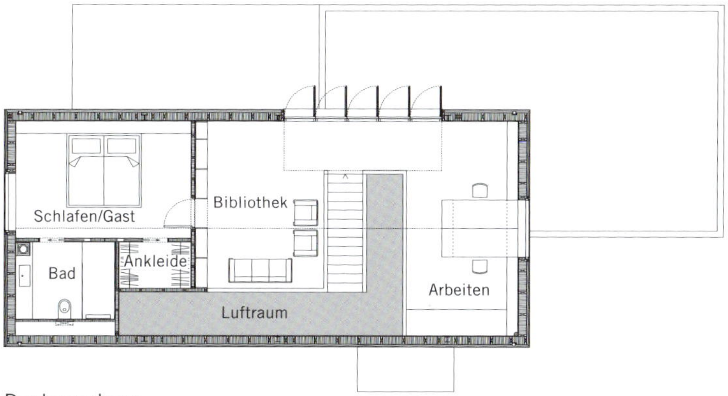

Dachgeschoss

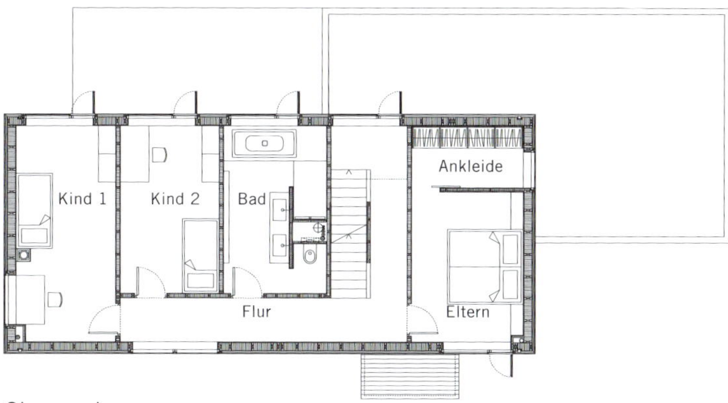

Obergeschoss

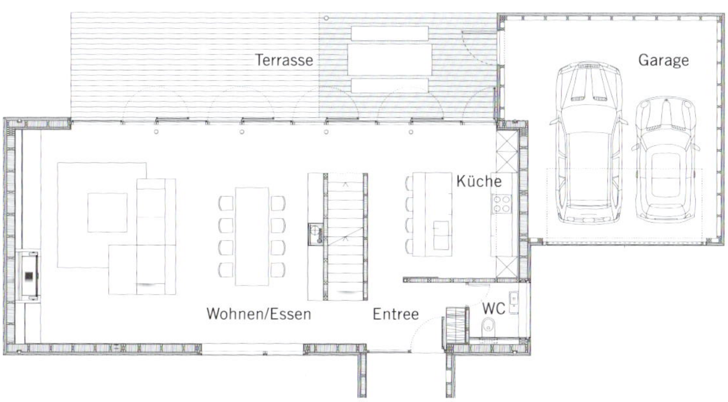

Erdgeschoss

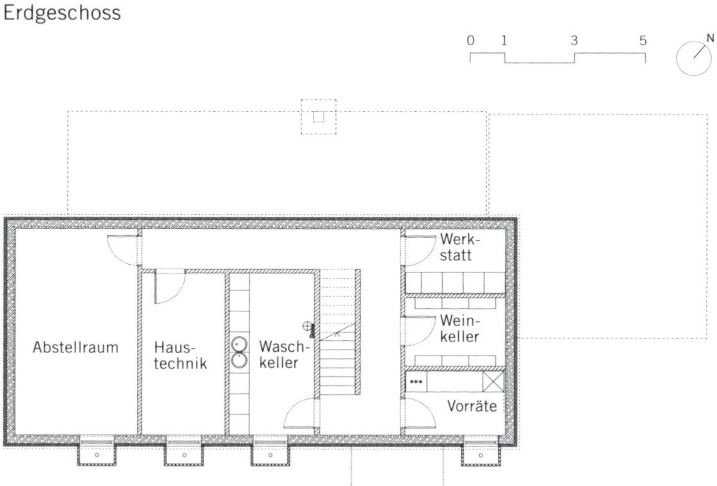

Untergeschoss

GEBÄUDEDATEN

Grundstücksgröße: 521 m²
Wohnfläche: 218 m²
Zusätzliche Nutzfläche: 112 m²
Anzahl der Bewohner: 4
Bauweise: Holzrahmenkonstruktion
Baukosten gesamt: 386.000 €
Baukosten je m² Wohn- und Nutzfläche: 1.170 €
Heizwärmebedarf: 20,6 kWh/m²a
Primärenergiebedarf: 55,5 kWh/m²a
Fertigstellung: 2010

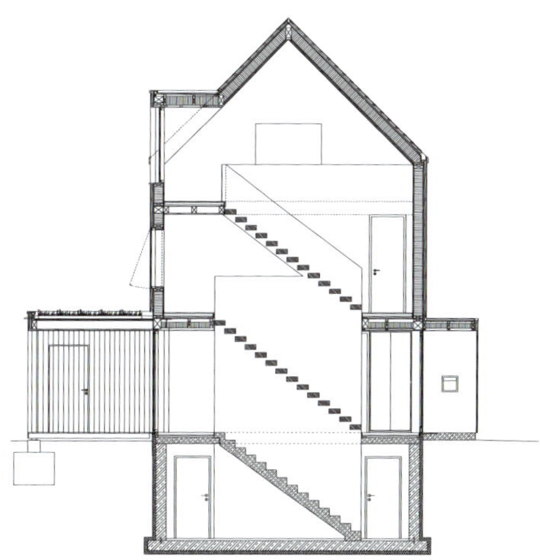

Querschnitt

TOMISLAV ĆURKOVIĆ UND ZORAN ZIDARIĆ, DVA ARHITEKTA

» *Mit dem Atrium und den Terrassen haben wir Übergänge zwischen innen und außen geschaffen. So entstanden private Rückzugsräume und gleichzeitig offene Blickachsen ins Grüne.* «

OFFENE RAUMKOMPOSITION

1.200 €/m²

Familienresidenz in Zagreb (Kroatien)

Der Bezug zur Natur war der jungen Bauherrenfamilie mit drei Kindern wichtig für ihr neues Domizil. Die beiden kroatischen Architekten Tomislav Ćurković und Zoran Zidarić von DVA Arhitekta nutzten daher das Grundstück nahe dem Zentrum von Zagreb, um das Wohnhaus mit Terrassen und Balkonen, Innenhöfen und großen Fensterflächen zum ruhigen Garten zu öffnen. Zur Straßenseite im Norden hingegen zeigt sich das Gebäude wie eine abweisende Festung. Trutzig staffeln sich einzelne Bauvolumen zu einer ausdrucksstarken Skulptur aus Flachdachelementen übereinander. Dabei greifen die recycelten Ziegel der Fassade die traditionelle Bauweise der Nachbargebäude auf und geben dem Neubau Patina. Die Innenräume sind als vielschichtige und großzügige Wohnlandschaft gestaltet, die sich auf drei Seiten zum Garten öffnet. Abgesehen von einem Kinderzimmer am Eingang ist der Grundriss klassisch strukturiert: Im Erdgeschoss befinden sich die Gemeinschaftsräume, die privaten Rückzugsräume hingegen liegen im ersten Stock.

Der zentrale Wohnraum kommt ohne Türen aus und lässt seine Nutzungszonen frei ineinander übergehen. Küche und Essbereich orientieren sich mit einer Glasfront zum Portikus, der als überdachter Essplatz im Grünen genutzt wird. Durch das abgesenkte Bodenniveau ist der südliche Wohnbereich optisch von den restlichen Erdgeschossflächen getrennt und bleibt trotzdem als offene Zone mit ihnen verbunden. Raumhohe Fensterflächen und vielfache Ausblicke in den umliegenden Garten sorgen für eine ruhige, entspannte Atmosphäre. Dabei trägt die wiederholte Verschränkung von innen und außen dem Charakter eines Hauses im Grünen Rechnung, der sich auch in dem gekonnt platzierten Innenhof zeigt: Auf zwei Seiten verglast, streut der Einschnitt in das Gebäude zusätzliches Tageslicht in den Wohnbereich und trennt ihn gleichzeitig vom Treppenaufgang.

RECHTS: Die Fassaden aus wiederverwendeten Ziegeln geben dem klaren Bau eine außergewöhnliche Patina. An der Gartenseite lockert ein Portikus das Volumen auf, der im ersten Stock eine Terrasse bildet.

Im Obergeschoss reihen sich die Kinderschlafzimmer samt Bad um einen Flur, welcher der Längsausrichtung des Hauses folgt. Der Rückzugsraum der Eltern mit eigener Ankleide schließt sich zur Gartenseite an und nutzt dieselbe Terrasse wie das Kinderzimmer. Durch große Fenster und Austritte ins Grüne entstehen auch im privaten ersten Stock besondere Aufenthaltsqualitäten, die den Familienalltag bereichern.

Neben dem Grundriss, der auf die gekonnte Verzahnung von innen und außen setzt, legten Architekten und Bauherren besonderen Wert auf das Energiekonzept des Hauses. Sein deutlich reduzierter Primärenergiebedarf von 34 kWh pro Quadratmeter und Jahr geht auf den Einsatz geothermischer Pumpen zurück, die warmes Wasser in die Fußböden und Wände leiten. Dies schont nicht nur Ressourcen, sondern senkt auch die Heizkosten.

RECHTS OBEN: Der Wohnraum kommt ohne Türen aus und verbindet einzelne Nutzungszonen miteinander. Küche und Essbereich gehen nahtlos in den Eingang über.

RECHTS UNTEN: Der differenzierte Grundriss setzt auf die gekonnte Verzahnung von innen und außen. Der Wohnbereich im Süden ist durch das abgesenkte Niveau und seinen Holzfußboden optisch von der Küche getrennt.

OBEN: An der Westseite schneidet ein Innenhof das Gebäudevolumen ein. Durch die Glasflächen fällt zusätzliches Licht in die Innenräume.

LINKS OBEN: Ein übereck gesetztes, bodentiefes Fenster erweitert die Blickachsen vom Innenraum über den kleinen Hof mit Bambuspflanzen bis in den Garten.

LINKS UNTEN: Der Essbereich öffnet sich mit einer Glasschiebetür zum Portikus, der als überdachter Außenessplatz dient.

OBEN: Zur Straßenseite präsentiert sich das Gebäude wie eine abstrakte Skulptur aus differenzierten Volumen mit Flachdach (links). Die Fassadengestaltung bindet das Haus in die Nachbarbebauung ein und bekennt sich gleichzeitig zur Moderne.

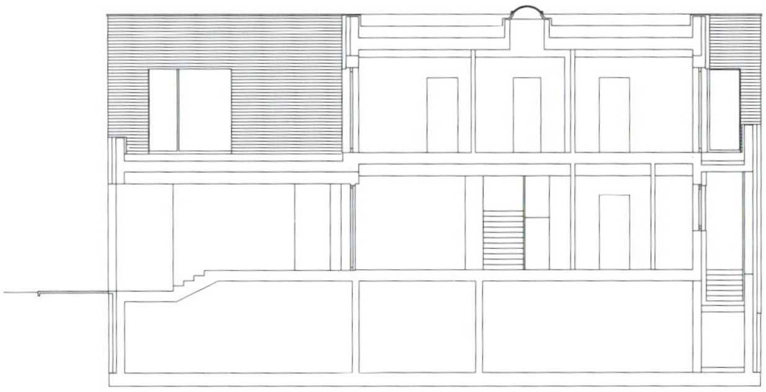

Längsschnitt

KOSTENSPARENDE MASSNAHMEN

Die recycelten Fassadenziegel waren fünfmal günstiger als das reguläre, neue Material. In den Innenräumen kamen auf Wunsch der Bauherren nur wenige und einfache Materialien wie die großformatigen Bodenfliesen zum Einsatz, was die Kosten zusätzlich gesenkt hat.

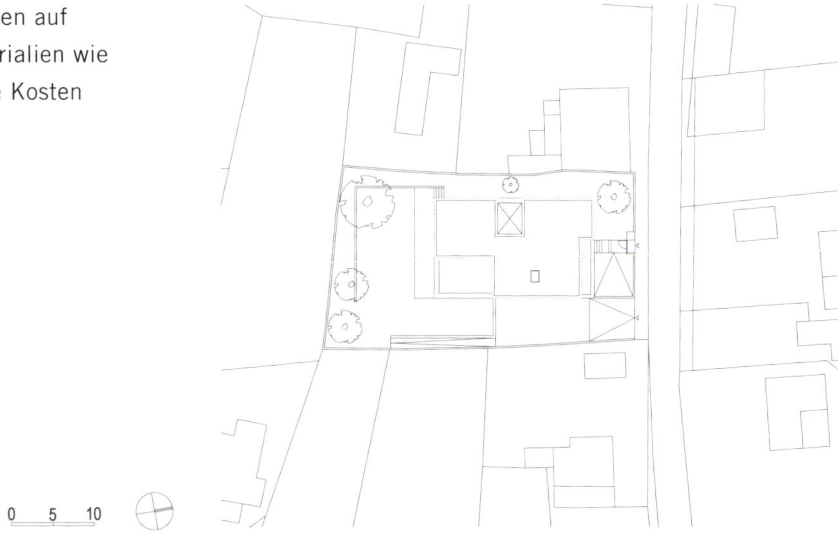

Lageplan

GEBÄUDEDATEN

Grundstücksgröße: 774 m²
Wohnfläche: 335 m²
Zusätzliche Nutzfläche: 75 m²
Anzahl der Bewohner: 5
Bauweise: Betonkern mit vorgesetzter Ziegelfassade
Baukosten gesamt: 492.000 €
Baukosten je m² Wohn- und Nutzfläche: 1.200 €
Heizwärmebedarf: 92 kWh/m²a
Primärenergiebedarf: 34 kWh/m²a
Fertigstellung: 2010

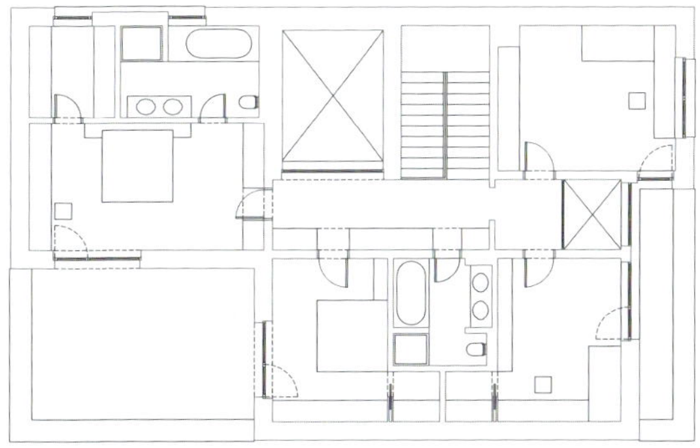
Obergeschoss

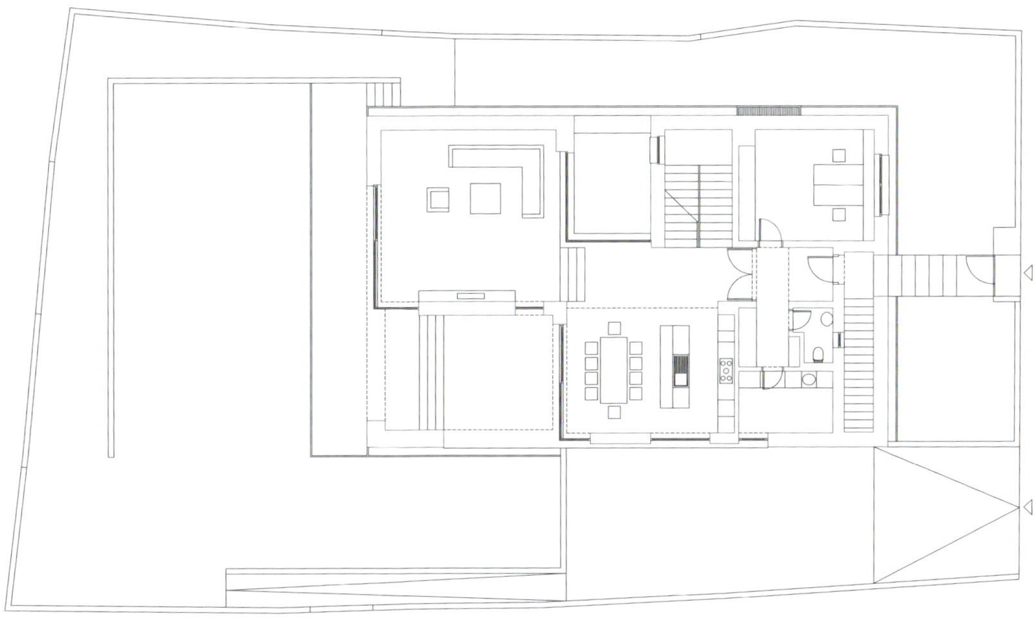
Erdgeschoss

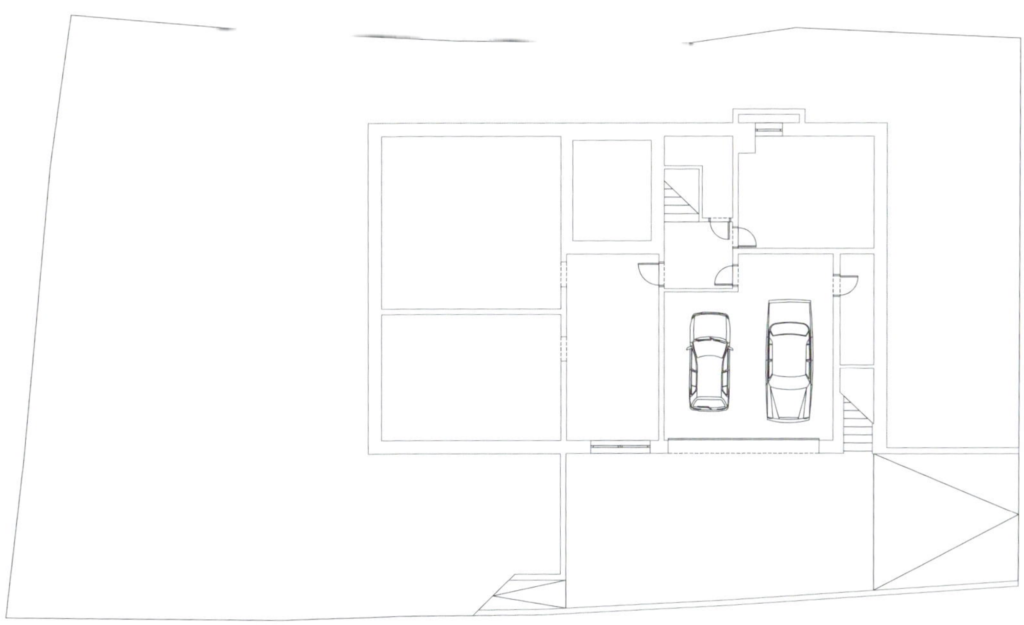
Untergeschoss

ULRICH MÜLLER ARCHITEKT

» Die Nutzung entspricht genau der Vorstellung der Bauherren. Wir haben ihre vorherige Wohnsituation analysiert und Wünsche für den Neubau daraus abgeleitet. Die permanente Arbeit am Modell und die Bemusterung vieler Beispiele haben sich rundherum ausgezahlt. «

DIALOG ZWISCHEN NEU UND ALT

1.258 €/m²

Haus Emmzett in Magdeburg

Mit dem Haus Emmzett erhält die Scheune des eingemeindeten Bördedorfs in Magdeburg einen markanten Nachbarn: Die hellgraue Putzfassade des Neubaus kontrastiert mit dem roten Bruchsteinmauerwerk seines Gegenübers. Verweist die Scheune auf die Tradition, so bekennt sich das elegante Einfamilienhaus mit fassadenbündigen Fenstern und Flachdach zur nüchternen Moderne. In seinem Entwurf kam es dem Berliner Architekten Ulrich Müller darauf an, diesen Dialog zwischen Alt und Neu zur Unterstützung der Wohnqualität zu nutzen. Entsprechend diesem Leitgedanken ist das alte Mauerwerk auch in den Innenräumen präsent, und zwar hinter den großen Fensteröffnungen, die Ausschnitte der Mauer wie abstrakte Bilder rahmen.

Im Zentrum des Hauses, das mittig auf dem nur 15 Meter breiten und 65 Meter tiefen Baugrundstück platziert ist, steht ein großzügiger offener Wohnbereich, der das kommunikative Zentrum des Familienlebens bildet. Da die Bauherrin gerne kocht, ist auch die Küche Teil der fließenden Flächen, die sich mit raumhohen Fenstern auf den Garten öffnen. Durchgehender Sichtestrich, weiße Wände und Einbaumöbel bestimmen die helle und schlichte Atmosphäre der Gemeinschaftszonen. Bei Bedarf können die einzelnen Bereiche durch Schiebetüren aus transluzentem Polycarbonat voneinander getrennt werden, sodass im Winter unterschiedliche Heizbereiche entstehen.

Die Treppe befindet sich an der fensterlosen Ostseite, wo auch die Nebenräume untergebracht sind.

Auf den Böden im gesamten ersten Stock ist Eichenparkett verlegt, das den Räumen einen warmen, privaten Charakter gibt. Bäder und Schlafzimmer liegen an beiden Seiten entlang eines mittigen Flurs und orientieren sich zum Garten sowie auf die Eingangsseite des Hauses. Ein Oberlicht über der Treppe und eine raumhohes Fenster, das den Blick auf die benachbarte Scheune lenkt, streut Tageslicht in die Erschließungszonen. Im Westen öffnet sich der zentrale Gang zu einem offenen Arbeitsbereich, der das Raumprogramm im Obergeschoss komplettiert. Der im Süden liegende Eingang des eleganten Wohnkubus liegt geschützt unter einem Vordach, das den Rhythmus der Fensteröffnungen auf stimmige Weise ergänzt.

RECHTS OBEN: Die weißen Putzflächen der Fassaden kontrastieren mit dem Bruchsteinmauerwerk der benachbarten Scheune. Ein schlichtes Vordach schützt den Eingangsbereich.

RECHTS UNTEN: Unterschiedliche Fenstergrößen rhythmisieren die Gartenseite des Kubus. Der Wohnbereich im Erdgeschoss ist durch raumhohe Fensterflächen belichtet und öffnet sich mit einer Schiebetür zur Terrasse.

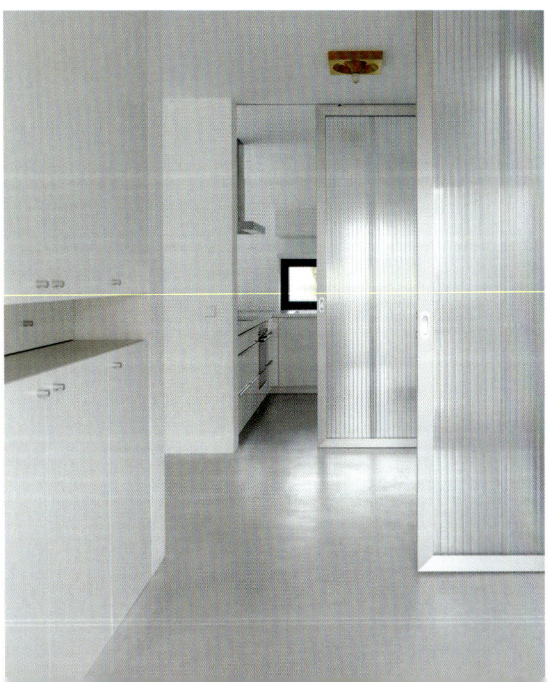

LINKS OBEN: Mosaikfliesen geben dem Bad im Obergeschoss einen edlen und individuellen Charme. Das raumhohe Fenster lässt den Blick in den Garten schweifen.

LINKS MITTE: Ein Dachfenster belichtet die Treppe zum Obergeschoss und lässt die klaren Konturen des Raums hervortreten.

LINKS UNTEN: Schiebetüren aus transluzenten Polycarbonatplatten trennen die einzelnen Zonen im offenen Erdgeschoss bei Bedarf, sodass unterschiedliche Heiz- und Wärmezonen entstehen können.

RECHTS: Durchgehender Sichtestrich fasst die Wohnflächen im Erdgeschoss zu einem offenen Kontinuum. Der nach Norden orientierte Essbereich ist der offenen Küche zugeordnet (oben). Im Süden fällt der Blick durch das raumhohe Fenster auf den Garten zur Straßenseite (unten).

OBEN: Wie ein abstraktes Bild rahmt das Fenster im Obergeschoss einen Ausschnitt der benachbarten Scheune.

OBEN: Zusätzliches Licht erhält der Arbeitsbereich, der offen in den Flur übergeht, durch einen schmalen Fensterschlitz zur Straßenseite.

KOSTENSPARENDE MASSNAHMEN

Schon bei der Planung spielten die Baukosten eine wichtige Rolle. So wurden der Grundriss deutlich optimiert und die Sonderwünsche der Bauherren diskutiert und hinterfragt. Beim Bau wurden mit Ausnahme von Fenstern und Böden ausschließlich kostengünstige Standardprodukte verwendet.

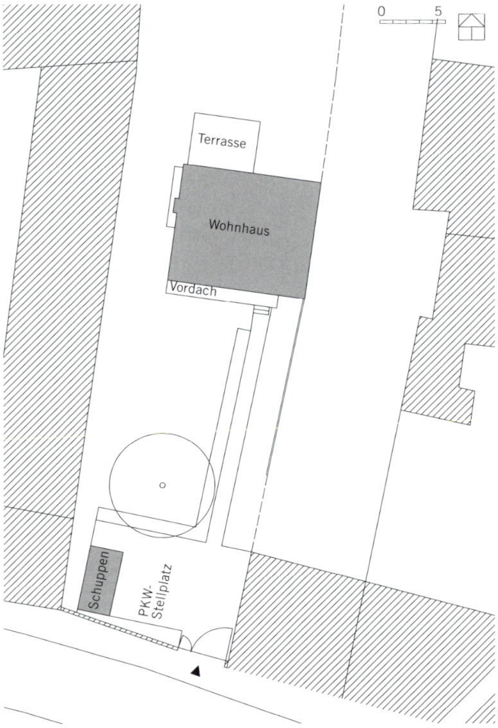

Lageplan

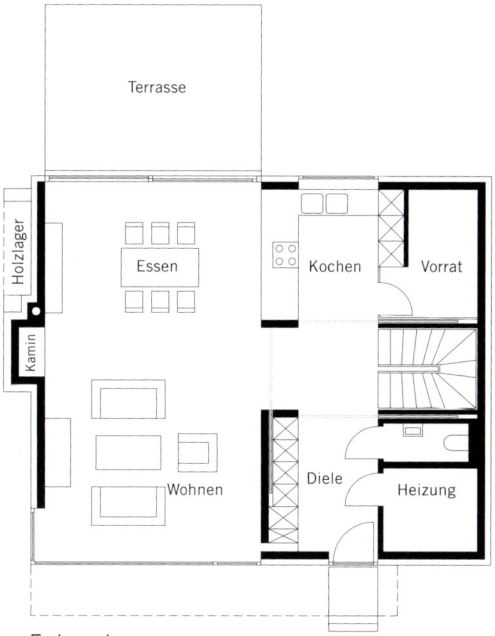

Erdgeschoss

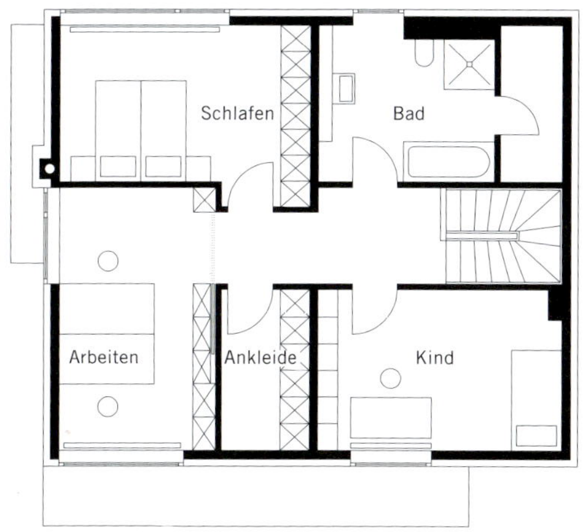

Obergeschoss

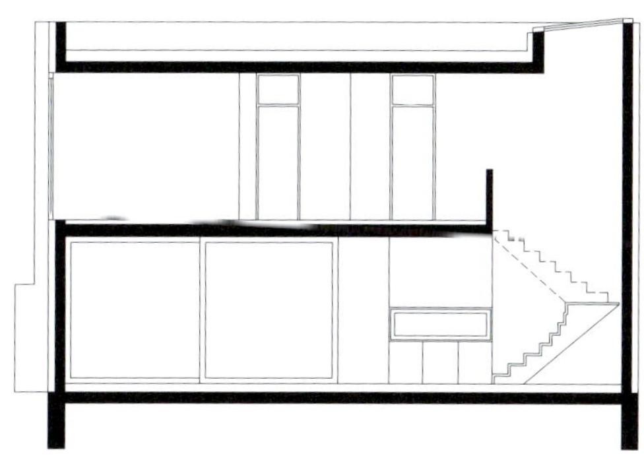

Schnitt

GEBÄUDEDATEN

Grundstücksgröße: 860 m^2
Wohnfläche: 133 m^2
Zusätzliche Nutzfläche: 14 m^2
Anzahl der Bewohner: 2
Bauweise: Kalksandstein
Baukosten gesamt: 185.000 €
Baukosten je m^2 Wohn- und Nutzfläche: 1.258 €
Heizwärmebedarf: 67,0 kWh/m^2a
Primärenergiebedarf: 80,7 kWh/m^2a
Fertigstellung: 2010

SILVIA SCHELLENBERG-THAUT UND SEBASTIAN THAUT, ATELIER ST

» Gemeinsam mit den Bauherren haben wir Prioritäten gesetzt und dabei besonders auf ökologische Kriterien geachtet. Der Verzicht auf eine konventionelle Heizung hat sich ebenso bewährt wie die geborgenen Innenräume mit gezielt platzierten Ausblicken. «

RUNDHERUM IN LÄRCHENHOLZ GEKLEIDET

1.263 €/m²

Niedrigenergiehaus im Altenburger Land, Thüringen

Zwischen seinen uniformen Eigenheimnachbarn behauptet sich das Niedrigenergiehaus am Stadtrand von Lucka als ausdrucksstarker Solitär. Die Leipziger Architekten Silvia Schellenberg-Thaut und Sebastian Thaut von atelier st verzichteten bewusst auf Vordächer und Anbauten, um die klaren Konturen des Gebäudevolumens stärker hervortreten zu lassen. Im Erdgeschoss ist der abgewinkelte Baukörper eingeschnitten, sodass das vorspringende Obergeschoss den Eingangsbereich im Süden schützt. Lärchenholzprofile umhüllen sämtliche Fassaden- und Dachflächen wie ein durchgängiges Kleid, das über den Baukörper geworfen ist. Je nach Witterung wird die hölzerne Außenhülle ihre Farbe und Anmutung ändern. So erhält das Domizil der vierköpfigen Bauherrenfamilie ein stets neues Gesicht, das mit den Jahreszeiten geht.

Trotz der einschränkenden Vorgaben des Bebauungsplans, der Trauf- und Firsthöhen, Dachneigung und Fassadenfarbtöne festlegte, zeigt das Wohnhaus einen individuellen Charakter. Dabei ist seine markante äußere Erscheinung auch eine Konsequenz der inneren Raumorganisation und trägt außerdem ökologischen Überlegungen Rechnung. Zur optimalen Belichtung der Innenräume sind die Flächen des Giebeldachs unterschiedlich geneigt. In Kombination mit einem Wärmespeicher, der die Abwärme mithilfe eines wassergeführten Kamins wieder den Wohnräumen zuführt, deckt die Solaranlage auf dem Dach den gesamten Wärmebedarf des Niedrigenergiehauses.

Unterschiedliche Deckenhöhen und eine offene Galerie verleihen den Innenräumen ein dynamisches Ambiente, das durch Ausblicke in den Garten noch lebendiger wird. Im Anschluss an den Eingangsbereich breitet sich im Erdgeschoss Richtung Westen der zentrale Wohnbereich aus. Übereck gesetzte Sonnenschutzgläser öffnen den hellen Raum zum Garten und zur vorgelagerten Terrasse im Südwesten. Durch die raumhohen Fenster fällt viel Licht in den Essbereich, welcher der offenen Küche zugeordnet ist. Ohne Unterbrechung geht der Raum in einen Wohnbereich über, der durch seine Raumhöhe bis unter

RECHTS OBEN: Mit seiner kantigen Form setzt sich das Niedrigenergiehaus von der Nachbarbebauung ab. Der Eingangsbereich im Süden ist durch einen Gebäudeeinschnitt geschützt.

RECHTS UNTEN: Rundherum in Lärchenholz gehüllt, wird der Baukörper mit der Witterung und den Jahren sein Gesicht verändern. Die Solaranlage auf dem Dach ist Teil eines ausgeklügelten Energiekonzepts.

LINKS OBEN: Von der Galerie fällt der Blick auf die helle Wohnlandschaft im Erdgeschoss und wird durch ein großes Fenster ins Grüne gelenkt.

LINKS UNTEN: Auf den Fußböden ist durchgängig curryfarbener Estrich verlegt, der den individuellen Charme des Hauses unterstreicht. Bei der Farbwahl durften die Kinder der Bauherren mitentscheiden.

das Giebeldach luftig und großzügig wirkt. Die Galerie im ersten Stock verbindet die Geschosse und dient als Arbeitsbereich. Große Dachfenster lenken das Tageslicht in die beiden Kinderzimmer, während sich das Elternzimmer auf der Giebelseite mit einem Fensterband in Richtung Osten orientiert. Der durchgängig currygelbe Estrichboden, bei dessen Farbwahl die Kinder mitentscheiden durften, gibt den Innenräumen des Niedrigenergiehauses einen fröhlichen und gleichzeitig individuellen Charakter.

OBEN: Der helle Essbereich geht nahtlos in eine Wohnzone über, die sich über beide Geschosse bis unters Dach erstreckt. Die raumhohe und übereck gezogene Verglasung öffnet die Flächen Richtung Südwesten zum Garten.

UNTEN: Platz zum Spielen gibt es auch in den Kinderzimmern im ersten Stock. Ein großes Südfenster belichtet den gemütlichen Raum unter der Dachschräge.

LINKS: Der verschobene Giebel, unterschiedliche Dachneigungen und bewusst platzierte Fenster machen das Haus zu einer abstrakten Wohnskulptur, die dem Wunsch der Bauherren nach einer ökologischen Bauweise Rechnung trägt.

KOSTENSPARENDE MASSNAHMEN

Das kompakte Bauvolumen ist nicht unterkellert. Ausstattung und Materialien wie der Industrieestrich in den Innenräumen sind einfach und kostengünstig, ohne deshalb an Wirkung einzubüßen. Der wassergeführte Kamin mit Pufferspeicher zur Wärmerückgewinnung reduziert die Kosten im laufenden Betrieb und war obendrein günstiger als die herkömmliche Heiztechnik.

Lageplan

GEBÄUDEDATEN

Grundstücksgröße: 566 m²
Wohnfläche: 140 m²
Zusätzliche Nutzfläche: 46 m²
Anzahl der Bewohner: 4
Bauweise: Kalksandstein mit Lärchenholzfassade
Baukosten gesamt: 235.000 €
Baukosten je m² Wohn- und Nutzfläche: 1.263 €
Primärenergiebedarf: 51 kWh/m²a
Fertigstellung: 2008

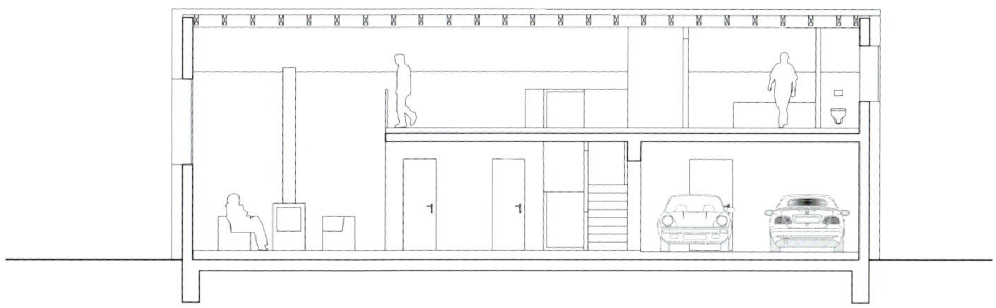

Schnitt

Obergeschoss

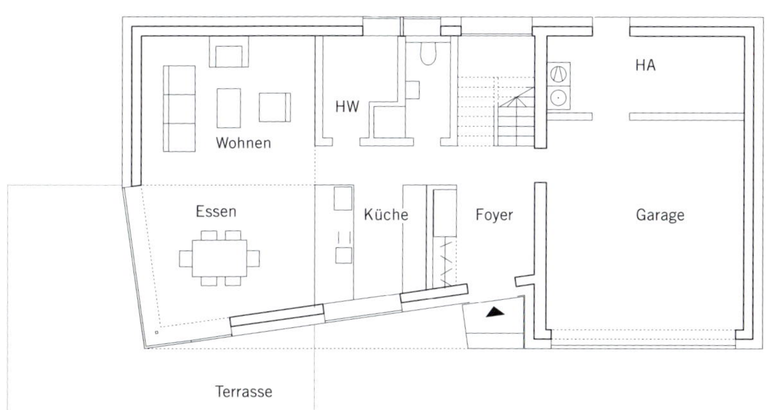

Erdgeschoss

KARSTEN BAUER, BAUER ARCHITEKTEN

» Die Bewohner genießen das Leben in ihrem neuen Haus mit den wunderbaren Ausblicken und der herrlichen Ruhe. «

VILLA MIT BLICK IN DEN PARK

1.350 €/m²

Einfamilienhaus am Horn in Weimar

Das Abendlicht auf der Loggia genießen und dabei den Blick ins Grüne schweifen lassen. Eigentlich zählt dieser Topos zu den klassischen Ferienerlebnissen. In der Villa am Horn jedoch gehört diese Erfahrung zum Alltag. Terrassen und Loggien, Fensteröffnungen in unterschiedlichen Formaten und ein Innenhof geben dem Einfamilienhaus in Weimar einen unvergleichbaren Urlaubscharme. Mit gezielten Blickachsen auf den angrenzenden Park an der Ilm und vielschichtigen Übergängen zwischen den Innenräumen und dem umliegenden Grün schuf der Weimarer Architekt Karsten Bauer eine facettenreiche Villa, die sich von außen klassisch zeigt – mit Flachdach und weißen Putzfassaden.

Der Grundriss des Hauses organisiert die beiden Geschosse mit insgesamt 188 Quadratmetern Wohnfläche um einen kleinen Hof, der den quaderförmigen Baukörper an seiner Südseite einschneidet. Um dieses ruhige, grüne Zentrum gruppieren sich im Westen das Atelier und im Osten der Essbereich. Auch der hohe Luftraum, der die Eingangsdiele bis unter das Dach ausweitet, gibt den Blick durch raumhohe Fenster ins Grüne frei. Ein überdachter Außenbereich und Terrassen im Süden und Osten öffnen die Erdgeschossflächen zusätzlich zum Garten. Von all diesen Ausblicken, Austritten und Öffnungen profitiert besonders der Essbereich: Raumhohe Verglasungen an drei Seiten verwandeln ihn in ein Glashaus mitten im Grünen, dessen umliegende Freiflächen je nach Wetter und Sonnenstand genutzt werden.

RECHTS: Unterschiedliche Fenster, Terrassen und Loggien lockern die Fassaden der modernen Villa auf. Um den Innenhof, der dem Gebäude eingeschnitten ist, gruppieren sich die Wohnflächen. Im Süden öffnet sich das Haus mit einer Loggia zum Park an der Ilm (unten).

LINKS: Vom großen Wohnzimmer im ersten Stock kann der Blick nach verschiedenen Richtungen ins Grüne schweifen. Die vorgelagerte Loggia erstreckt sich über die gesamte Fassadenbreite bis zum Arbeitszimmer, das nördlich angrenzt.

GANZ LINKS: Bodentiefe Öffnungen schaffen vielfältige Bezüge zwischen innen und außen. Vom Eingangsbereich führt eine zentrale Treppe nach oben in den zentralen Wohnbereich.

LINKS: Die Loggia schützt den Wohnraum vor zu viel Sonne und kann auch bei schlechtem Wetter als Austritt ins Freie genutzt werden.

OBEN: Der Essbereich ist an drei Seiten von Fensterflächen umgeben und wird so zum Glashaus im Grünen. Mehrere Terrassen, der Hof und eine überdachte Loggia mit rankenden Pflanzen erweitern die Wohnfläche nach außen.

Deutlich privater mutet die Atmosphäre im Obergeschoss an. Der große offene Wohnraum, in den die Treppe direkt mündet, breitet seine hellen Flächen Richtung Westen aus. Die vorgelagerte Loggia lenkt die Blicke in den Park, sie erstreckt sich über die gesamte Fassadenbreite und bedient auf diese Weise auch das angrenzende Arbeitszimmer. Als abgeschlossene Rückzugsräume hingegen sind die Schlafzimmer im Osten konzipiert. Ein kleiner Balkon, der geschützt hinter einer Rankwand liegt und das Licht durch einen grünen Vorhang filtert, gibt dem Zimmer der Eltern die Atmosphäre eines ruhigen Refugiums im Grünen.

Die vielschichtigen Varianten, mit denen sich die Villa am Horn immer wieder aufs Neue mit Loggien, Balkonen und Terrassen zum Außenraum öffnet, gibt den Bewohnern für jede Gelegenheit und bei jedem Wetter die Möglichkeit, ihren Garten zu genießen.

OBEN: Der Schlafraum im ersten Stock liegt hinter einem grünen Vorhang, der das Licht filtert und eine private Atmosphäre schafft.

OBEN: Mit seinen klaren Konturen und weiß verputzen Fassaden zeigt sich die Westseite wie ein strenger Monolith.

KOSTENSPARENDE MASSNAHMEN

Das Raumprogramm des Hauses konzentriert sich auf das Wesentliche und verzichtet auf kostenintensive Zusätze wie einen Keller. Sämtliche Nebenflächen sind stattdessen im Erdgeschoss untergebracht.

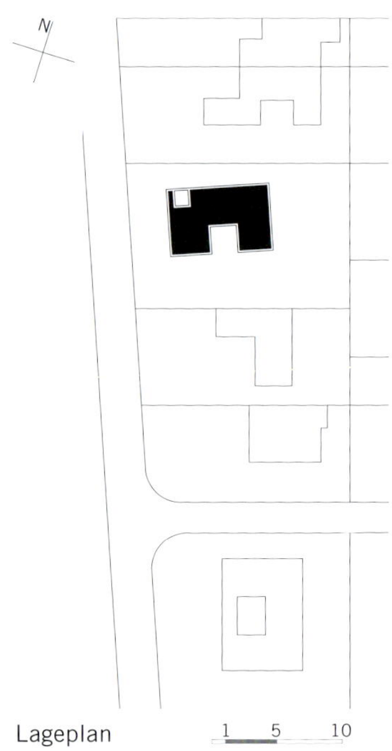

Lageplan

GEBÄUDEDATEN

Grundstücksgröße: 760 m^2
Wohnfläche: 188 m^2
Zusätzliche Nutzfläche: 10 m^2
Anzahl der Bewohner: 3
Bauweise: Kalksandsteinmauerwerk, Beton, Wärmedämmverbundsystem
Baukosten gesamt: 390.000 €
Baukosten je m^2 Wohn- und Nutzfläche: 1.350 €
Heizwärmebedarf: 64,4 kWh/m^2a
Primärenergiebedarf: 93,6 kWh/m^2a
Fertigstellung: 2009

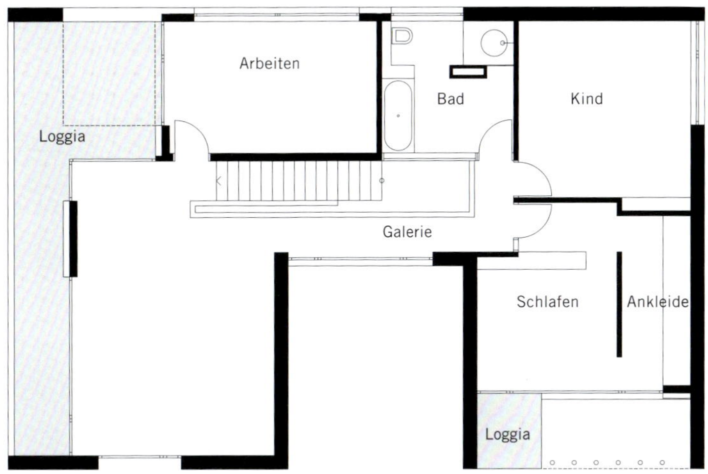

Obergeschoss

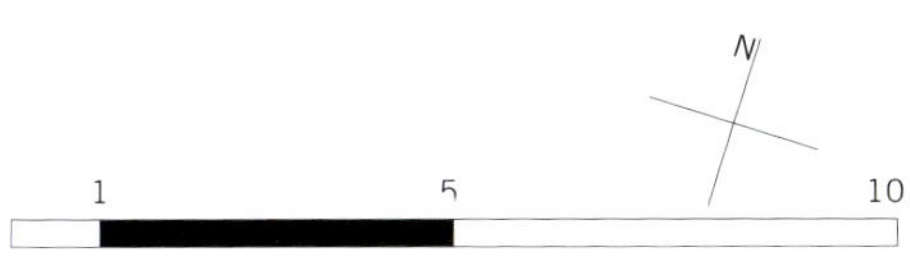

Erdgeschoss

THOMAS BEYER, THOMAS BEYER ARCHITEKTEN

» *Durch seine Ausrichtung und Lichtführung verbinden sich Haus und Außenraum. So werden die Tageszeiten und der Garten nicht nur punktuell erlebbar, sondern zu einem Bestandteil des Wohnens insgesamt.* «

GRÜNE TERRASSENLANDSCHAFT

1.398 €/m²

Wohnhaus in Caputh, Brandenburg

Das elegante Wohnhaus auf dem Krähenberg im brandenburgischen Caputh erinnert an die Bauhaus-Zeit. Gerade Winkel und unterschiedlich große, mal quer und mal vertikal liegende Fenster rhythmisieren die weißen Fassadenflächen und geben dem Gebäude einen ebenso sachlichen wie mondänen Charakter. Der Berliner Architekt Thomas Beyer stapelte die einzelnen Etagen als klar definierte, vorspringende Volumen übereinander. Er konzipierte eine Villa, deren Terrassen und Balkone von der Straßenseite aus unsichtbar bleiben und die den Garten in die Innenräume einbezieht.

Mit seinem rechteckigen Grundriss folgt das Haus der Längsausdehnung des Grundstücks und ist am Scheitelpunkt des Hangs platziert. Die Raumorganisation ist klassisch, sie trennt den großen Wohnbereich im Erdgeschoss von den privaten Räumen im ersten Stock. Das Untergeschoss öffnet sich an der nördlichen Schmalseite mit einer Fensterfläche zu einer Terrasse. So bleibt der dort untergebrachte ruhige Büro- und Arbeitsraum sonnengeschützt, erhält aber trotzdem viel Licht.

Übergänge zwischen den einzelnen Nutzungszonen verbinden die zentralen Wohnflächen im Erdgeschoss zu einem offenen und doch differenzierten Raum. Im Norden und Westen lassen sich durchgängige, übereck gesetzte Fenster mit Schiebeelementen zur umlaufenden Holzterrasse öffnen. Ihre raumhohen Formate holen die Landschaft in den Innenraum und lenken die Blicke auf den Kiefernwald und den Caputher See, der hinter den Bäumen im Nordosten liegt. Der Bezug zur Natur wird zu einer Qualität des Innenraums, dessen Atmosphäre sich mit den Jahres- und Tageszeiten ändert. Durch eine eingestellte Zwischenwand ist der Eingangsbereich optisch von der offenen Küche und der Wohnzone getrennt. An ihrer Vorderseite nimmt die Wand Nischen für die Garderobe auf, die Rückseite hingegen dient als Stellfläche für die Küchenzeile.

RECHTS OBEN: Das langgestreckte Wohnhaus duckt sich unter die hohen Bäume. Die einzelnen Stockwerke sind als vor- und zurückspringende Volumen übereinandergestapelt. Zur Straße bleiben die Terrassen weitgehend unsichtbar.

RECHTS UNTEN: Das Haus ist am Scheitelpunkt des Hangrundstücks platziert. Die Erdgeschossfassaden sind zur Gartenseite übereck verglast und öffnen sich zu großzügigen Terrassen mit durchgängigem Bodenbelag aus Bangkirai-Holz.

Das Obergeschoss kommt mit wenig Erschließungsfläche aus und nutzt stattdessen ein offenes Studio, in das die Treppe mündet, für den Zugang zu den privaten Rückzugsräumen. Südlich schließt ein Schlafzimmer mit querliegendem Fensterband das Raumprogramm ab. Das zweite Schlafzimmer öffnet sich nach Nordosten mit einer Verglasung über die gesamte Schmalseite des Hauses auf das malerische Panorama. Nach außen sind die Räume mit einer durchgängigen Terrasse verbunden, deren schlankes Stahlgeländer den Blick in die Natur nicht beeinträchtigt.

OBEN: Der mondäne Wohnbereich verwandelt sich durch seine bodentiefen Fenster zu einem Raum mitten in der Natur. Durch die hohen Bäume im Norden fällt der Blick auf den Caputher See.

RECHTS: Das Erdgeschoss ist als offener Wohnbereich organisiert, in dem sich einzelne Nutzungszonen miteinander verbinden. Der Küchenfußboden besteht aus dem gleichen weißen Polyurethan-Gussbelag, der auf der gesamten Fläche verlegt ist. Im Sommer lassen sich die Wohnräume durch Öffnen der gläsernen Schiebetüren in den Garten erweitern.

LINKS OBEN UND MITTE: Die Treppe ins Obergeschoss mündet in ein offenes Studio, das von zwei Seiten Licht erhält.

LINKS UNTEN: Der Fußboden besteht aus Travertinplatten. Die raumhohen Fenster lassen sich zur vorgelagerten Terrasse öffnen.

OBEN: Schiebetüren trennen das Schlafzimmer vom vorgelagerten Ankleidebereich. Vom Bett aus fällt der Blick durch das große Nordfenster den Hang hinunter auf den See.

RECHTS: Auf den Treppen und in den privaten Räumen im ersten Stock ist durchgängig weiß geölte Eiche verlegt. Bei geöffneten Türen entstehen Blickachsen über die Längsachse des Hauses.

KOSTENSPARENDE MASSNAHMEN

Die Einzelvergabe der Gewerke sicherte nicht nur die handwerkliche Qualität, sondern auch die transparente Kostensteuerung während des Baus. Mit vorgefertigten wärmegedämmten Wandelementen aus Beton und Holz konnte die Bauzeit verkürzt werden, was sich deutlich bei den Kosten bemerkbar macht.

OBEN: Wie die Kommandobrücke eines Schiffs schiebt sich das Obergeschoss mit seinem großen Fenster über das filigranere Erdgeschoss. Auch die einfache Eisenbrüstung der Terrasse erinnert an die Schifffahrt.

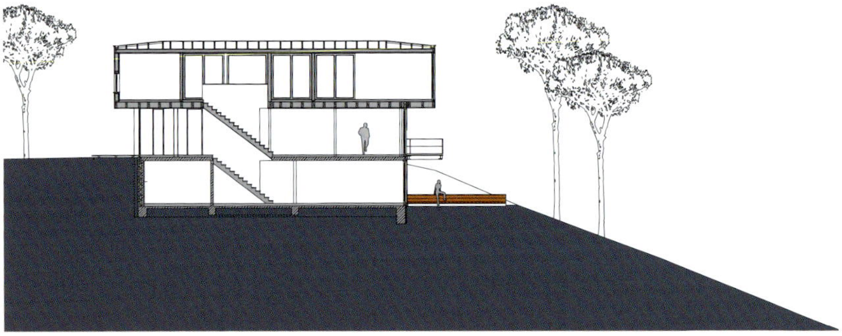

Längsschnitt

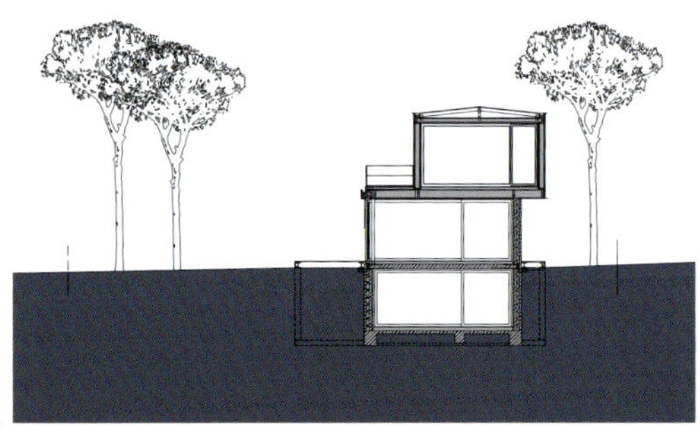

Querschnitt

GEBÄUDEDATEN

Grundstücksgröße: 1.640 m²
Wohnfläche: 243 m²
Zusätzliche Nutzfläche: 8 m²
Anzahl der Bewohner: 2–4
Bauweise: Beton, Deckenkonstruktionen und Dach in Holzbauweise
Baukosten gesamt: 351.000 €
Baukosten je m² Wohn- und Nutzfläche: 1.398 €
Primärenergiebedarf: 109,2 kWh/m²a
Fertigstellung: 2010

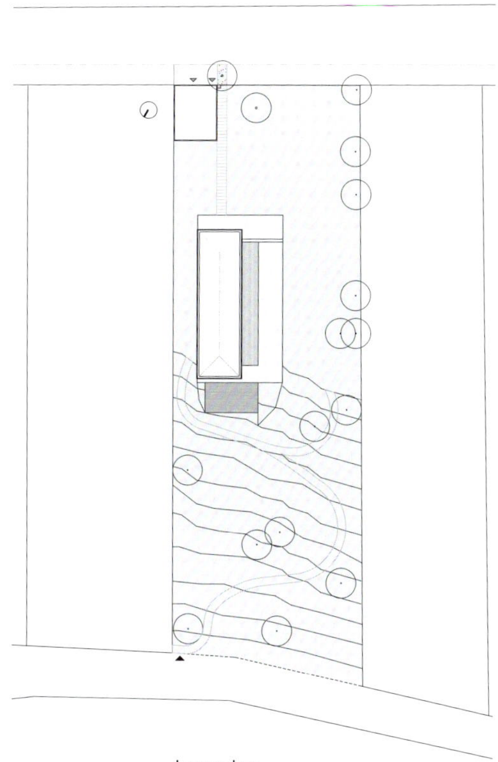

Lageplan

Untergeschoss
Erdgeschoss
Obergeschoss

FELIX CLAUS, CLAUS EN KAAN ARCHITECTEN

» Die Wohnqualität des Hauses liegt in den versetzten Ebenen, die verschiedene Bereiche definieren und sie zugleich verbinden. Ganz oben, unterm Dach, können sich die Eltern in einem loft-artigen Raum entspannen und durch das Dachfenster in den Himmel blicken. «

AUSZEICHNUNG

MINIMALISTISCHE VIELFALT

1.400 €/m²

Reihenhaus in Amsterdam

Reihenhäuser haben in den Niederlanden eine lange Tradition. Der Amsterdamer Architekt Felix Claus interpretierte den Bautypus als vielschichtigen Wohnkosmos, der Offenheit und Intimität zugleich garantiert. Sein Entwurf für das schmale Townhouse in Amsterdam-IJburg reiht sich in die Blockrandbebauung der Umgebung ein und öffnet seine Rückseite zu einem Garten. Trotz der urbanen Dichte des Areals auf Steigereiland, östlich vom Stadtzentrum gelegen, entfaltet das Haus eine großzügige und abwechslungsreiche Wohnlandschaft, die genau auf die Bedürfnisse der Bauherrenfamilie mit drei Kindern eingeht. Von außen jedoch gibt sich diese innere Vielfalt nicht zu erkennen, denn die bündigen Fenster auf der Straßenseite lassen keinerlei Rückschlüsse auf die innere Organisation des Hauses zu. Vielmehr streichen ihre unterschiedlichen Formate den unverwechselbaren, minimalistischen Charakter heraus, wodurch sich das Gebäude von seinen Nachbarn in derselben Häuserzeile unterscheidet.

In abwechslungsreicher Folge sind die einzelnen Innenräume und Nutzungszonen übereinandergestaffelt und miteinander verflochten. Dabei erhalten die Wohnflächen durch Ausblicke zur Straßen- und Gartenseite sowie verschiedene Deckenhöhen und Fensterformate eine stets andere Atmosphäre, die Claus en Kaan Architecten sorgfältig auf die jeweilige Nutzung abgestimmt haben. Um neugierige Blicke von Passanten abzuschirmen, öffnet sich der Eingangsbereich mit einer ungewöhnlich flachen, querliegenden Fensterfläche zum Straßenniveau. Der rückwärtige Bereich des Erdgeschosses ist für den Hausherrn, einen Komponisten, bestimmt: Hier arbeitet er in einem ruhigen, schalldichten Zimmer, das sich in gebührendem Abstand zu den Wohnräumen in der Beletage befindet.

Vom Entree führt eine Treppe in das Herz des Hauses, den zentralen Wohnbereich im ersten Stock. Die offene Küche geht fließend in den höher gelegenen Wohnraum über. Durch einen Treppenabsatz voneinander getrennt, erstrecken sich die einzelnen Zonen des großen Raums über die gesamte Tiefe des Grundrisses. Wechselseitige Orientierungen bestimmen ihren jeweiligen Charakter. Während sich der Essbereich mit einer vorgelagerten Terrasse zum Garten richtet, gibt das luftige Wohnzimmer den Blick auf die Straße frei.

RECHTS: Unregelmäßig platzierte Fenster mit filigranen Rahmen strukturieren die elegante Fassade des schmalen Reihenhauses. Von außen bleibt die innere Vielfalt der Räume unsichtbar.

42

LINKS OBEN: Die Glasbrüstung der Wohngalerie lässt den Blick ungestört durch das große Fenster auf die Straße schweifen. Halbgeschosse organisieren die Wohnfläche zu einer abwechslungsreichen Raumfolge, die sich mal zur Straße und dann wieder zur Gartenseite orientiert.

LINKS UNTEN: Eine zentrale Holztreppe verbindet die einzelnen Ebenen, die unterschiedliche Deckenhöhen haben. Böden und Wände sind durchgängig aus Sichtbeton, der die minimalistische Vielfalt der Räume besonders hervorhebt.

RECHTS: Über die gesamte Fensterhöhe bis zur Galeriezone erstreckt sich der Luftraum des Wohnbereichs im ersten Stock (oben). Deutlich niedriger ist die Decke in der Küche, die durch einen Treppenabsatz und ein Regal vom Wohnzimmer getrennt ist. Der Essbereich öffnet sich mit einer Terrasse zum Garten (unten).

LINKS: Der loftartige Rückzugsraum der Eltern ist ein Ort der Ruhe und Entspannung. Unter dem Dach gelegen, wird er durch große Oberlichter erhellt. Die dunklen Einbaumöbel sind Teil des architektonischen Konzepts, das klare Flächen und Konturen wie ein abstraktes Gemälde komponiert.

RECHTS OBEN: Die Übergangszonen zwischen den einzelnen Flächen und Halbgeschossen sind durchgängig mit dunklen Einbaumöbeln bestückt. Diese bieten nicht nur Stauraum, sondern ergänzen die Betonflächen zu einem minimalistischen Spiel in Grauschattierungen.

RECHTS UNTEN: Im Erdgeschoss befindet sich zur Straßenseite hin ein großzügiger Eingangsbereich mit Schrankgarderoben. Die hinteren Räume sind durch einen Treppenabsatz davon abgetrennt und nehmen den Arbeitsbereich des Hausherrn auf.

Zusätzlichen Raum bietet ein Mezzaningeschoss, das seine Galerie mit Glasbrüstung zum Luftraum des Wohnbereichs öffnet. Vom Sofa aus wandert der Blick ungestört durch die Fenster der rückwärtigen Gartenseite bis auf die Straße im Nordosten.

Zentrales Verbindungsglied zwischen Geschossen und Halbgeschossen ist eine Holztreppe, deren Podeste und Absätze die einzelnen Bereiche entlang der seitlichen Außenwand erschließen. Entsprechend der sorgfältig geplanten Dramaturgie des Grundrisses weicht der offene Duktus der Beletage einem Geschoss mit privatem Charakter im ersten Stock, wo sich die einzelnen Zimmer um einen mittigen Flur mit Bad gruppieren. Unter dem Flachdach im obersten Stockwerk öffnet sich der loftartige Schlafraum der Eltern zu einer Terrasse, die das Gebäude zur Gartenseite abschließt.

Trotz der urbanen Dichte gelang es den Architekten, mithilfe der sorgfältigen Raumorganisation ein ebenso kompaktes wie vielschichtiges Familienuniversum zu schaffen. Der Innenausbau gibt der ausgeklügelten Wohnlandschaft eine reduzierte Eleganz: Schlichte dunkle Einbaumöbel sowie Sichtbetonwände und -böden betonen die durchgängige, minimalistische Einheit der Räume.

OBEN: Der zweite Stock ist den Kinderzimmern vorbehalten. Tiefe Fensterlaibungen verwandeln sich zu Sitzgelegenheiten mit Blick nach draußen. Reduzierte Materialien und sorgfältig geplante Proportionen schaffen auch hier klare Raumstrukturen.

KOSTENSPARENDE MASSNAHMEN

Das Reihenhaus wurde großteils mit industriell gefertigten Standardprodukten und -details gebaut, die deutlich preiswerter sind als aufwendige Sonderlösungen. Auf ausdrücklichen Wunsch der Bauherren, die sich reduzierte Innenräume mit einheitlichen und einfachen Materialien wünschten, entwickelten die Architekten als Kontrastprogramm zum Standard eine individuelle Fassade mit eleganten Fensterlösungen.

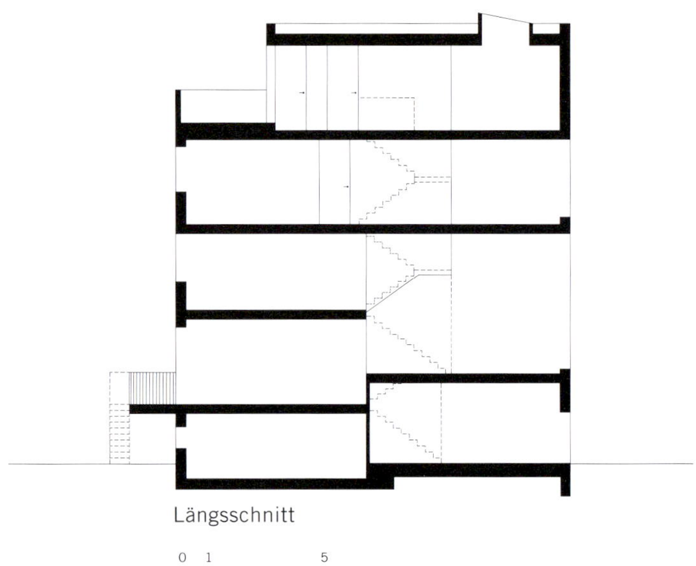

Längsschnitt

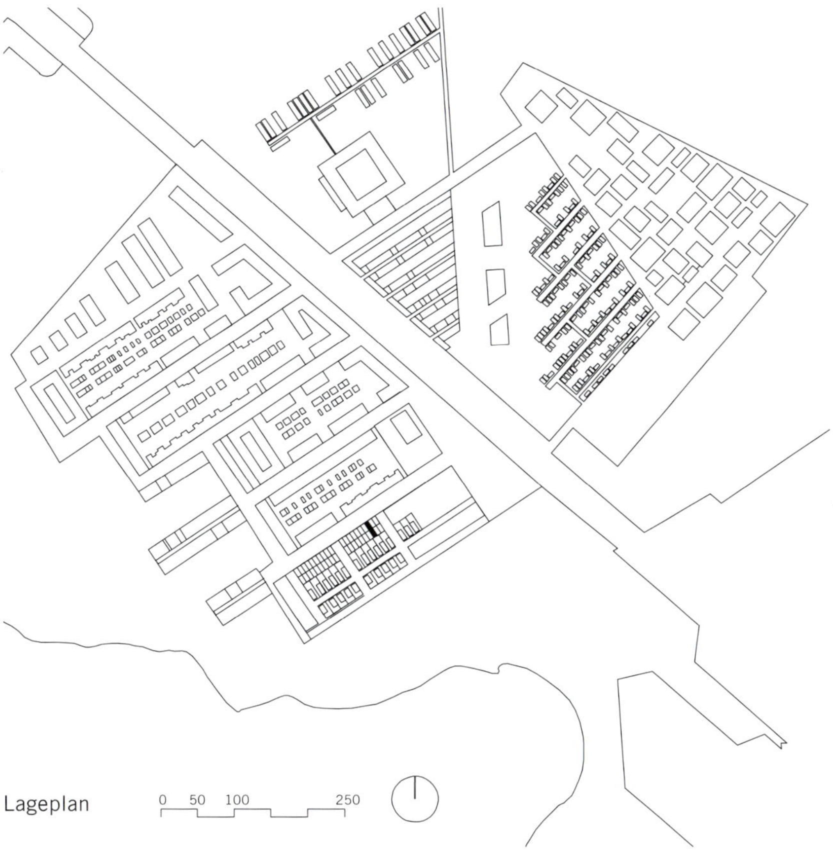

Lageplan

3. Obergeschoss

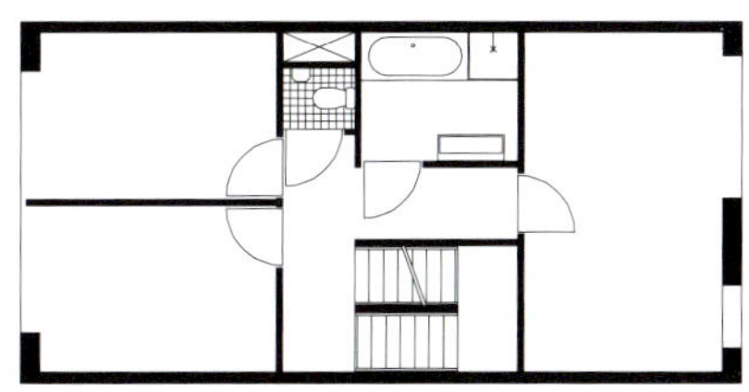

2. Obergeschoss

1. Obergeschoss

GEBÄUDEDATEN

Grundstücksgröße: 144 m²
Wohnfläche: 170 m²
Zusätzliche Nutzfläche: 85 m²
Anzahl der Bewohner: 5
Bauweise: Betonfertigteile und Kalksandsteinmauerwerk
Baukosten gesamt: 357.000 €
Baukosten je m² Wohn- und Nutzfläche: 1.400 €
Heizwärmebedarf: 23,5 kWh/m²a
Primärenergiebedarf: 70 kWh/m²a
Fertigstellung: 2009

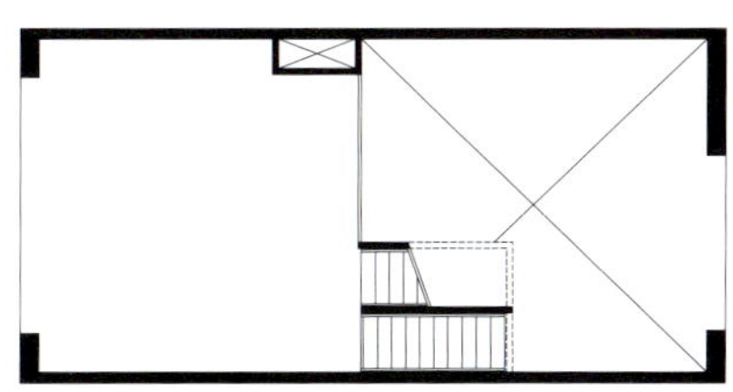

Zwischengeschoss

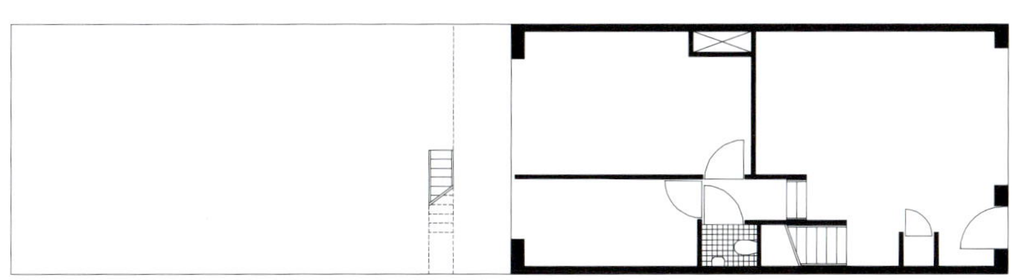

Erdgeschoss

TOM LECHNER, LP ARCHITEKTUR

» Der Grundriss ist frei von normierten Raumfolgen und auf die Bedürfnisse der Bewohner zugeschnitten. Sie haben sich und ihre Vorstellungen in vielen Stunden Eigenleistung eingebracht und können ihr Haus zwangsfrei und unkompliziert nutzen. «

AUSZEICHNUNG

ALPINES HOLZENSEMBLE

1.400 €/m²

Wohn- und Atelierhaus in Radstadt (Österreich)

Schwarzer Tee, Essig und Orangenöl sind nur ein Teil der ungewöhnlichen Ingredienzien, welche die Rezeptur des Wohn- und Atelierhauses im österreichischen Tauerngebirge besonders machen. Beim Bau der Satteldachhäuser am Rand von Radstadt wurden alte Techniken der Holzbehandlung angewendet und teilweise mit Substanzen aus dem Lebensmittelladen umgesetzt. Das Ergebnis dieser ungewöhnlichen, ökologischen Methode überzeugt auch durch eine Ästhetik, welche die Sinne anspricht.

Dunkel schillernde Lärchenholzlatten umhüllen das Wohn- und das benachbarte Atelierhaus und strecken sich in changierenden Braun- und Schwarztönen bis unter das Satteldach der Massivholzbauten. Die Architekten arrangierten die beiden Häuser wie abstrakte Körper zu einem kleinen Ensemble. Schnittstellen, Proportionen und Ausrichtung der Gebäude nehmen aufeinander Bezug. Zwischen den Baukörpern breitet sich ein geschützter Innenhof aus, in dem der überdachte Eingang des Wohnhauses liegt.

Die Innenräume überraschen durch eine helle, freundliche Atmosphäre, die im Kontrast zu den dunklen Fassaden steht. Böden, Wände und Decken sind durchgängig mit Fichtenholz ausgeschlagen. Weißes Pigment und Bienenwachs geben den Oberflächen im ganzen Haus eine sinnliche Qualität, die sich nicht nur in haptischen Vorzügen ausdrückt, sondern obendrein in einem angenehmen Duft. Im Erdgeschoss bildet der durchgängige Koch-, Ess- und Wohnbereich das Zentrum des Hauses. Nach Südwesten öffnet sich der Raum mit raumhohen Fenstern zu einer vorgelagerten Terrasse und lenkt die Blicke der Bewohner auf die Bergspitzen des Tauerngebirges. Rücksprünge innerhalb der Wände nehmen Regale und Schränke auf, ohne die klare Linienführung des warmen Holzambientes zu stören. Die privaten Räume im ersten Stock sind ebenfalls offen konzipiert, wobei der Grundriss die Fläche in einzelne Zonen einteilt. Im Zentrum steht das großzügige Bad mit einer Wanne, die direkt vor dem Fenster zu einem individuellen Entspannungs- und

RECHTS OBEN: Wohn- und Atelierhaus ergänzen sich zu einem Ensemble, dessen dunkle Holzfassaden aus Lärchenholzlatten mit ungewöhnlichen, natürlichen Ingredienzien behandelt wurden.

RECHTS UNTEN: Die Südwestfassade öffnet sich mit großen Fenstern zum Gebirgspanorama. Der Holzmassivbau besteht aus plattenförmigen Elementen und erfüllt die Standards eines Passivhauses.

LINKS: Im zentralen Wohnraum entsteht durch die einfachen und reduzierten Materialien eine behagliche Atmosphäre. Wände und Decken sind im ganzen Haus mit Fichtenholz ausgeschlagen, das mit weißem Pigment und Bienenwachs behandelt wurde. Boden und Küchenblock sind aus Beton gegossen, der zu den weichen Holzoberflächen einen Kontrapunkt setzt.

UNTEN LINKS: Die Treppe in den ersten Stock nimmt Einbauregale für Bücher auf, ohne die klaren Raumlinien zu unterbrechen.

UNTEN RECHTS: Das Bad ist als zentraler und offener Bereich innerhalb der privaten Rückzugsräume im ersten Stock konzipiert. Die Wanne vor dem großen Fensterband ist ein idealer Ort zum Entspannen – mit Blick auf die Berge.

Aussichtsort wird. Die beiden Schlafzimmer sind durch Mauervorsprünge vom Bad getrennt und können durch Schiebetüren geschlossen werden. Einbaumöbel im gleichen Holz wie Böden und Decken begrenzen die Räume, ohne die durchgängigen Raumkonturen zu unterbrechen.

Entsprechend den Wünschen des Bauherrenehepaars entstand ein individuelles Holzhaus, das in Massivbauweise aus plattenförmigen Elementen errichtet wurde und sich durch seine ökologischen und energetischen Qualitäten auszeichnet. Mit einer Wärmepumpe und kontrollierter Wohnraumbelüftung mit Wärmerückgewinnung entspricht das Energiekonzept des Hauses dem Passivhausstandard. Im Inneren machen die natürlichen Ressourcen, auf die Bauherren und Architekten gesetzt haben, den Bezug zur Natur in einer behaglichen Sinneswelt erfahrbar.

OBEN: Das einfache und kompakte Volumen des Satteldachhauses hat klare energetische Vorzüge.

OBEN RECHTS: Der Eingang ins Wohnhaus liegt unter einem Gebäudevorsprung und ist von der Straßenseite über eine Treppe erreichbar.

KOSTENSPARENDE MASSNAHMEN

Durch den Verzicht auf An- und Aufbauten konnten die Baukosten des einfachen Gebäudevolumens gesenkt werden. Außerdem vertrauten die Bauherren innen wie außen auf die Wirkung von Fichten- und Lärchenholz anstelle von kostenintensiven dekorativen Oberflächen.

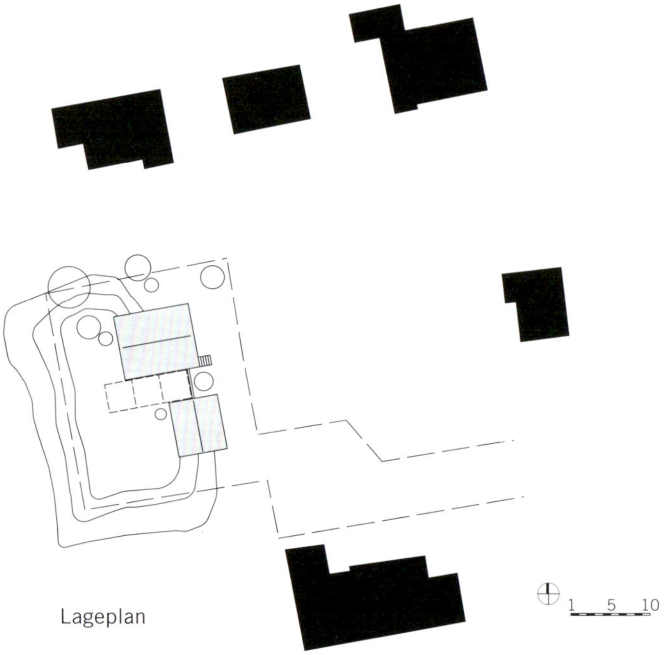

Lageplan

GEBÄUDEDATEN

Grundstücksgröße: 661 m²
Wohnfläche: 119 m²
Zusätzliche Nutzfläche: 56 m²
Anzahl der Bewohner: 2
Bauweise: Holzmassivbau (Passivhaus)
Baukosten gesamt: 245.000 €
Baukosten je m² Wohn- und Nutzfläche: 1.400 €
Heizwärmebedarf: 9 kWh/m²a
Fertigstellung: 2010

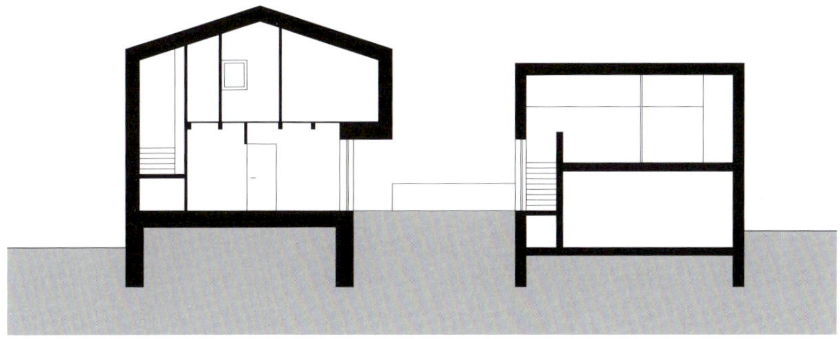

Schnitt

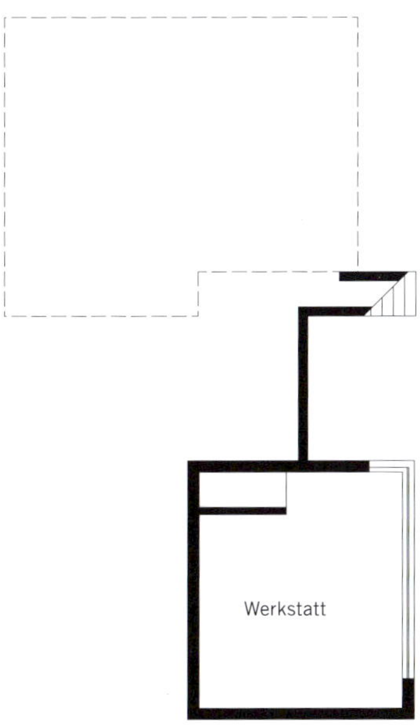

Untergeschoss

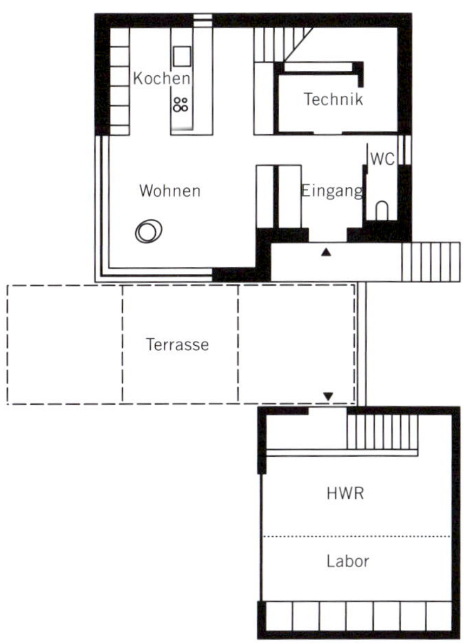

Erdgeschoss

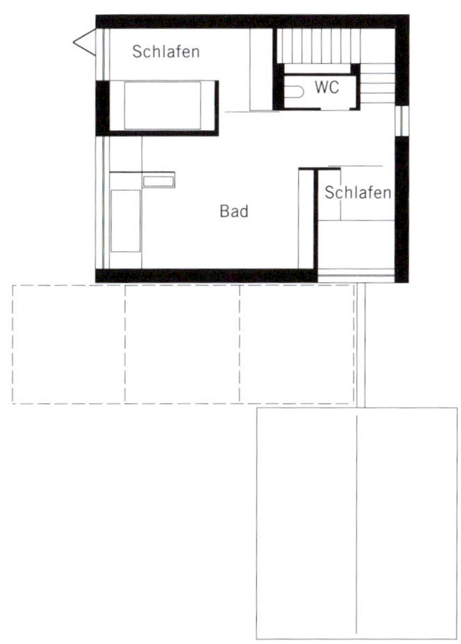

Obergeschoss

ANDREA DENZER UND GEORG POENSGEN, DENZER & POENSGEN

» Das architektonische Konzept des Hauses mit dem besonderen Raum der Galerie, der Wohnküche und dem unmittelbar anschließenden Garten bietet der fünfköpfigen Familie genügend Raum für gemeinschaftliche und individuelle Aktivitäten. «

TRADITION UND MODERNE

1.430 €/m^2

Wohnhaus in der Eifel

Seit Jahrhunderten wird in der Eifel mit Naturstein gebaut. Die Architekten Andrea Denzer und Georg Poensgen haben auf dieses Material zurückgegriffen und das Wohnhaus am Ortsrand von Lethert mit einer vorgesetzten Bruchsteinfassade verkleidet. Auch wenn sich der moderne Kubus mit seinem begrünten Flachdach von seinen Nachbarn unterscheidet, greift er auf die Bautradition zurück.

Das Haus am Hang wird von der Straßenseite im oberen Stockwerk erschlossen. Der breite Flur, der die Bewohner im Eingangsbereich in Empfang nimmt, mündet in einen zweigeschossigen Hauptraum. Über eine Lesegalerie fällt der Blick schon vom Entree auf den Wohnraum und das Landschaftspanorama hinter den großen Fenstern auf der Gartenseite. Holzfußböden und weiß verputzte Wände sorgen im gesamten Haus für eine ruhige Atmosphäre, die dem Schauspiel der Natur den Vortritt lässt.

Um den Gang im oberen Stockwerk reihen sich die Kinder- und das Arbeitszimmer – durch ihre Fenster strömt die Abend- und Morgensonne. Die untere Etage ist durch eine Treppe am Flurende erschlossen und dehnt sich mit einem Luftraum, der die Geschosse verzahnt, bis unter das Dach aus. Hier liegt das kommunikative Zentrum des Hauses mit Küche und Wohnzimmer, in dem die Landschaft vor den raumhohen Fenstern miteinbezogen wird. Eine Glastür im Westen verbindet den Wohnbereich mit dem vorgelagerten Bauerngarten und belichtet ihn zusätzlich. In Form eines geschützten Hofes angelegt, werden die Gemüse- und Kräuterbeete zum Refugium im Grünen. Eltern- und Gästeschlafzimmer sowie eine Waschküche schließen das Raumprogramm im unteren Geschoss ab.

Die Photovoltaikanlage auf dem begrünten Dach übernimmt die Stromversorgung der vierköpfigen Familie. Heizung und Warmwasserbereitung werden durch eine Luftwärmepumpe unterstützt. Das Regenwasser aus einer Zisterne nutzen die Bewohner zum Pflanzengießen.

RECHTS OBEN: Das Bruchsteinmauerwerk der Fassaden greift eine lokale Bautradition der Eifel auf. Der Hauptraum des Hauses, eine große Wohnküche, öffnet sich mit großen Fenstern zur Landschaft.

RECHTS UNTEN: Der Eingang an der Straßenseite ist in den klaren Kubus eingeschnitten; auf dem begrünten Dach ist eine Photovoltaikanlage installiert, die den Strombedarf der Bewohner deckt.

OBEN: Viel Raum für familiäre Gemeinschaftsaktivitäten bietet die zentrale Wohnküche. Sie öffnet sich mit einem Panoramafenster zur Landschaft. Weiß verputzte Wände und robuste Eichenholzböden geben den Räumen einen behaglichen Charakter.

OBEN: Küchengeräte und -schränke sind als Zeile aufgereiht. Hinter der Glastür liegt ein Bauerngarten mit Gemüse- und Kräuterbeeten.

RECHTS: Die Galerie verbindet die Zimmer im ersten Stock mit der Wohnküche im Erdgeschoss. Dabei lenken die Fenster den Blick ins Grüne.

LINKS: Die Brüstung einer Betontreppe trennt den Bauerngarten vom Straßenniveau und von der Garage. Die traditionelle Natursteinfassade des Hauses findet sich auch am Kirchturm des Dorfes wieder.

KOSTENSPARENDE MASSNAHMEN

Die Außenhülle aus Naturstein war im Verhältnis günstiger als eine hochwertige Ziegelfassade. Auch einzelne Details wie die lackierten Holzfenster, die Badfliesen aus Feinsteinzeug und die Dielenböden mit Eichenholz aus zweiter Wahl wirken sich in der Summe positiv auf das Budget aus.

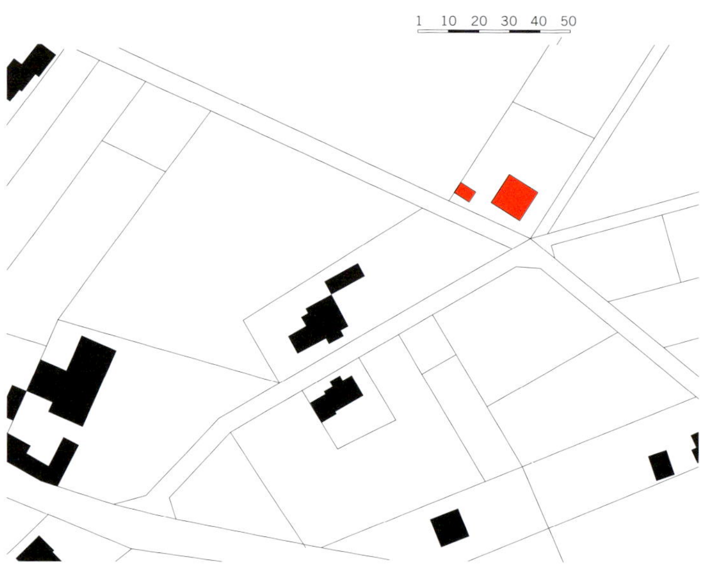

Lageplan

GEBÄUDEDATEN

Grundstücksgröße: 3.387 m²
Wohnfläche: 142 m²
Zusätzliche Nutzfläche: 58 m²
Anzahl der Bewohner: 5
Bauweise: Wärmedämmstein mit vorgesetzter Bruchsteinfassade
Baukosten gesamt: 286.457 €
Baukosten je m² Wohn- und Nutzfläche: 1.430 €
Heizwärmebedarf: 7,0 kWh/m²a
Primärenergiebedarf: 31,7 kWh/m²a
Fertigstellung: 2008

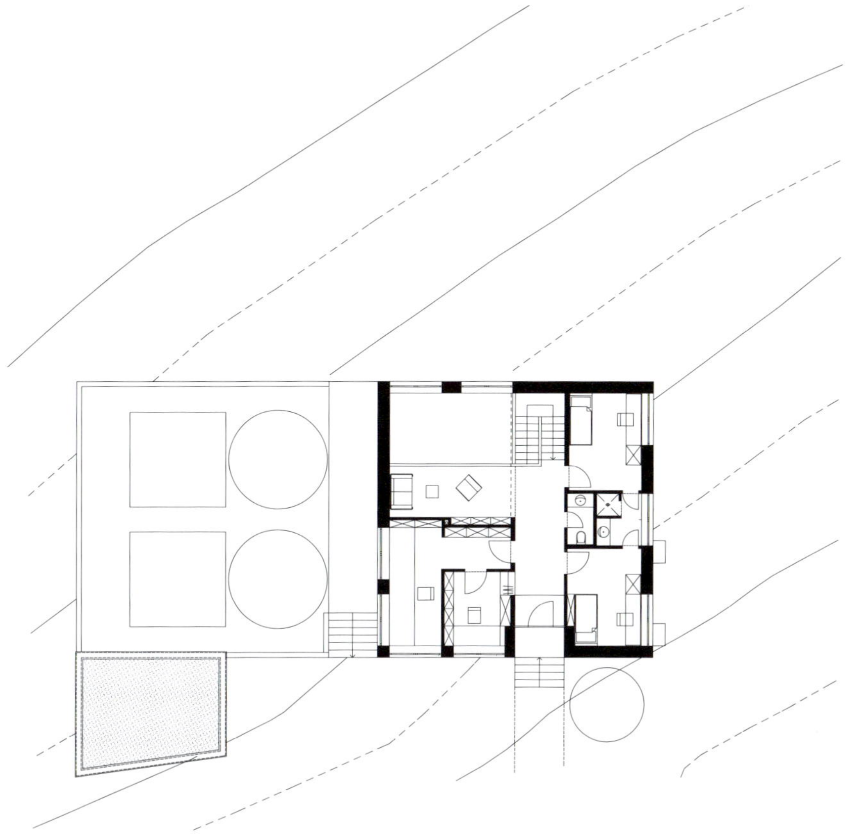

Obergeschoss

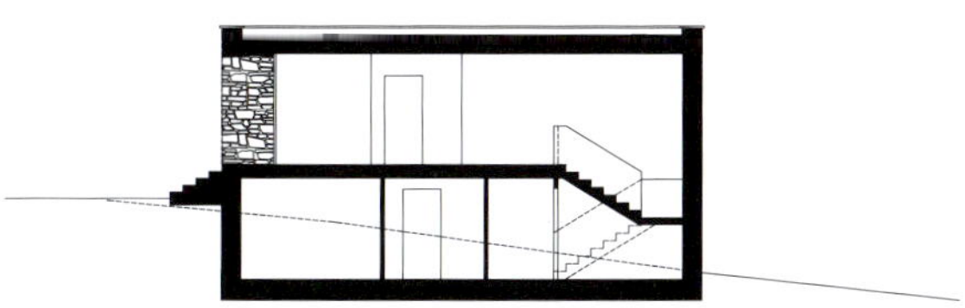

Querschnitt

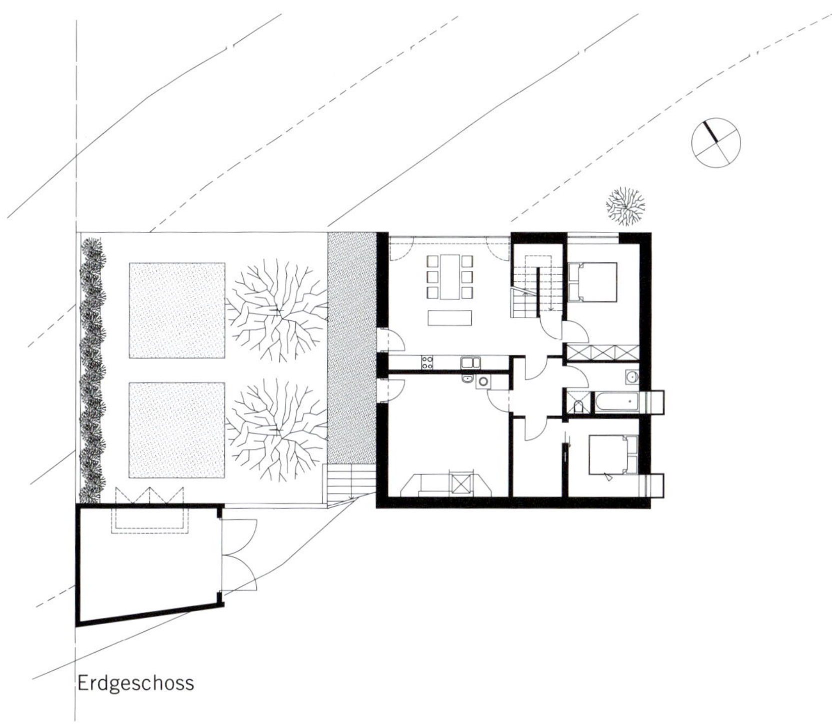

Erdgeschoss

PETER KUPFERSCHMIDT, KUPFERSCHMIDT ARCHITEKTEN

» Die Vorteile des Ein-Raum-Wohnkonzepts haben sich schnell herausgestellt: Der Familienalltag wird gesamtheitlich gelebt. Kochen, Hausaufgaben machen und Arbeiten findet nicht mehr getrennt voneinander statt. «

GUCKKASTEN AM HANG

1.432 €/m^2

Einfamilienhaus Kubox in Weßling, Bayern

Wie ein Guckkasten schiebt sich das Einfamilienhaus des Münchner Architekten Peter Kupferschmidt in den steilen Hang und öffnet die Südostseite mit großen Fenstern zum Tal. Während sich die Garage und der Eingangsbereich von der Straße und den Nachbarn abschotten, fangen die Wohnräume des grau verputzen Quaders im oberbayerischen Weßling die Sonne ein. Der umlaufende weiße Mauervorsprung strukturiert die zweigeschossige Gartenfassade samt ihren raumhohen Fensterfronten. Er rahmt die Schauseite des Hauses und gibt ihr ein markantes Gesicht, das an einen Guckkasten erinnert. Die einfache Kubatur des Gebäudes spart Oberflächen und reduzierte den Aufwand bei der Baukonstruktion.

Im Erdgeschoss sind die einzelnen Nutzungszonen des Wohnbereichs zu einem sorgfältig organisierten Grundriss verbunden. Obwohl Küche, Arbeits- und Wohnzimmer als unterschiedliche Räume wahrgenommen werden, gehen sie ohne Unterbrechungen fließend ineinander über. Zur Gartenseite öffnen sich die Flächen mit raumhohen Fenstern auf einen Balkon mit Glasbrüstung, der den Wohnraum im Sommer nach draußen erweitert und den Blick ungehindert in die Landschaft lenkt. Die Küche orientiert sich nach zwei Seiten: Während sie sich zur Straße hin mit einem Fenster öffnet, ist sie mit dem Essbereich des zentralen Wohnraums über eine große Durchreiche verbunden. Im Untergeschoss, das über eine schmale Treppe erschlossen ist, liegen die privaten Zimmer und die Hauswirtschaftsräume. Der durchgängige, preiswerte Bodenbelag aus eingefärbtem Estrich verleiht den Stockwerken ein einheitliches Gesicht. Auch der Verzicht auf unterschiedliche Wandbeläge in den Innenräumen sparte Kosten. Anstelle von Putz, Fliesen oder Tapeten sind die Innenflächen mit Vorsatzschalen aus Gipskarton verkleidet, wodurch sich die Bauzeit erheblich reduzierte.

RECHTS: Ein Mauervorsprung strukturiert die zweigeschossige Gartenfassade. Mit großen Fensterflächen und einem Balkon öffnen sich die Räume zur Hangseite im Südosten.

Um den zentralen Flur im unteren Stockwerk, das sich rückwärtig in den Hang schiebt, gruppieren sich das Eltern- und Kinderschlafzimmer sowie ein Gästezimmer. Alle privaten Rückzugsbereiche öffnen sich mit raumhohen großen Fenstern zum Garten. Besonderes Augenmerk legten die Architekten neben dem Grundriss auch auf ökologische und energetische Gesichtspunkte: Dünnschicht-Photovoltaikmodule sind über das gesamte Flachdach verlegt. Eine Luftwärmepumpe erzeugt Warmwasser, das auch für die Fußbodenheizung genutzt wird. Zusätzlich gewinnt ein Kaminofen mit Heizwasseraufbereitung Wärme, die in den Pufferspeicher eingespeist wird. Durch diese technische Kombination reduziert sich der CO_2-Ausstoß des Hauses maßgeblich.

OBEN: Im Erdgeschoss gehen der Wohn- und Essbereich ineinander über. Eine große Durchreiche öffnet die Küche zu den anderen Flächen, die ohne Türen nur mit Durchgängen strukturiert und als fließender Raum gestaltet sind.

OBEN: Ist die Küchentür zum Eingangsbereich geöffnet, so entsteht eine lange Blickachse durch das Haus. Auf den Böden wurde einheitlich eingefärbter Estrich verlegt.

RECHTS: Der Arbeitsbereich schließt das offene Raumkonzept im Erdgeschoss Richtung Südwesten ab. Er ist als eigenständiger Raum konzipiert, aber gleichzeitig ohne Türen mit dem Wohnbereich verbunden.

LINKS OBEN: Das Elternschlafzimmer im Untergeschoss erhält durch raumhohe Fenster viel Licht. Durchgänge verbinden es mit dem zentralen Flur und dem Bad.

LINKS UNTEN: Platz zum Spielen bietet das Kinderzimmer, das einen schönen Blick ins Grüne bietet.

RECHTS OBEN: In den Bädern wurde auf kostspielige Materialien verzichtet. Der durchgefärbte Estrich kommt auch im Bereich der Dusche und Badewanne als Wandmaterial zum Einsatz.

RECHTS UNTEN: Die schmale Treppe ins Untergeschoss gibt Blickachsen vor und lässt die räumlichen Dimensionen für sich sprechen.

OBEN: Zur Straßenseite zeigt sich das Haus mit einer klar strukturierten, grau verputzen Fassade. Die Garage im Nordosten ist dem Bauvolumen eingeschrieben. Über das gesamte Flachdach sind Dünnschicht-Photovoltaikmodule verlegt.

KOSTENSPARENDE MASSNAHMEN

Im gesamten Haus sind nur zwei unterschiedliche Oberflächen verbaut, nämlich Gipskartonwände für die senkrechten und gefärbter Estrich für die horizontalen Flächen. Durch den Verzicht auf unterschiedliche Wandbeläge, Innenputz, Fliesen und Tapeten konnten die Bauzeit reduziert und Kosten gespart werden. Baustandards wie Rollläden oder Fensterbleche, die nicht zwingend notwendig sind, wurden weggelassen. Zusätzlich macht sich der Einsatz von industriell gefertigten Produkten wie etwa den Fenstern bei den Baukosten bemerkbar.

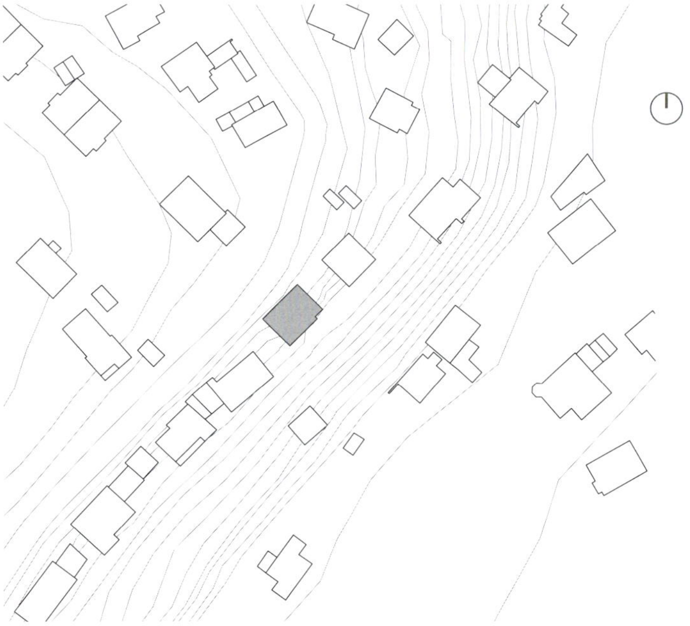

Lageplan

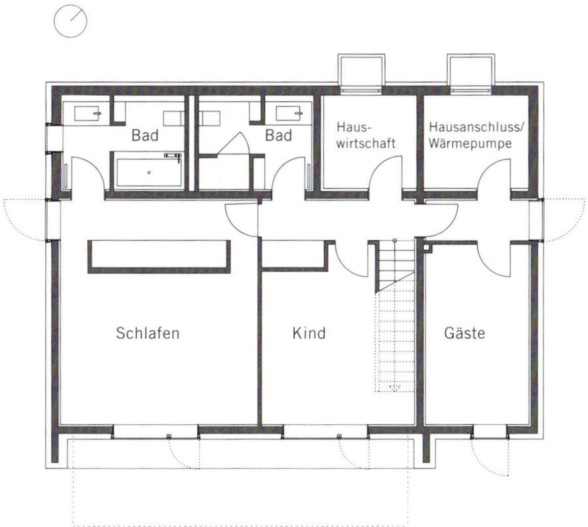

Untergeschoss

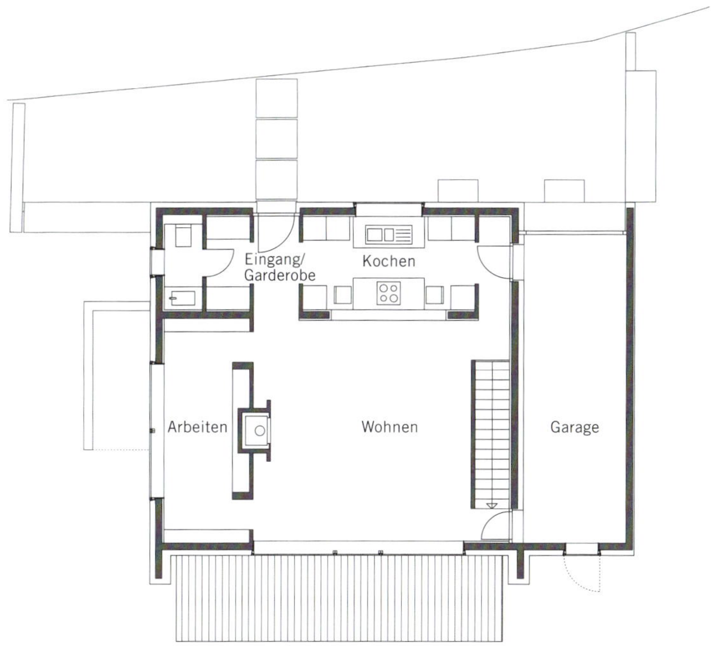

Erdgeschoss

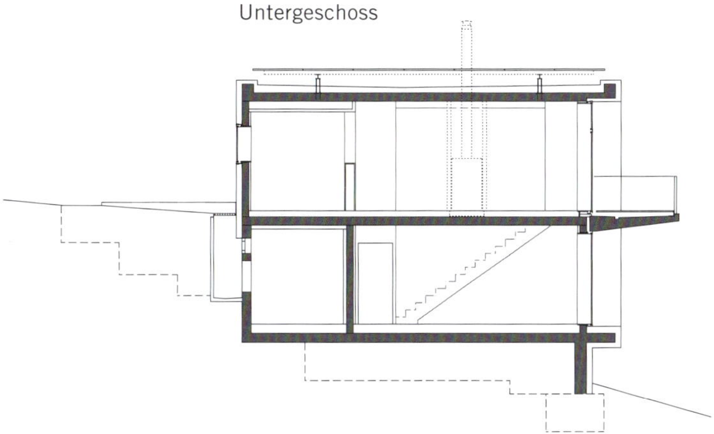

Querschnitt

UNTEN: Wie ein Guckkasten schiebt sich der weiß verputzte Mauervorsprung vor die graue Fassade und gibt der Gartenseite ein markantes Gesicht. Industrielle Standardprodukte wie beispielsweise die Fenster reduzierten die Baukosten.

GEBÄUDEDATEN

Grundstücksgröße: 846 m²
Wohnfläche: 168 m²
Zusätzliche Nutzfläche: 66 m²
Anzahl der Bewohner: 3
Bauweise: Ziegelmauerwerk mit Wärmedämmverbundsystem (KfW 70)
Baukosten gesamt: 335.000 €
Baukosten je m² Wohn- und Nutzfläche: 1.432 €
Heizwärmebedarf: 22,1 kWh/m²a
Primärenergiebedarf: 59,7 kWh/m²a
Fertigstellung: 2009

ESTHER STEVELINK UND ARIE BERGSMA, GAAGA STUDIO FOR ARCHITECTURE

» Mit Naturmaterialien wie Holz und Stein entsteht eine freundliche und informelle Atmosphäre. Besonders der große Erdgeschossraum hat sich als vorteilhaft erwiesen, weil er flexibel genutzt werden kann. «

URBANE DYNAMIK

1.437 €/m²

V-Haus in Leiden (Niederlande)

Mit einer kecken Geste setzt sich das Wohnhaus von seinen Nachbarn in der Häuserzeile des Neubaugebiets im niederländischen Leiden ab: Ein V-förmiges Dach schneidet den Baukörper ein und stellt die gewohnte Giebeldachstruktur einfach auf den Kopf. Zwar ordnet sich das kleine Gebäude dem vorgegebenen Rasterprinzip des Bebauungsplans unter, jedoch demonstriert es auch eine frische, ungewöhnliche Dynamik. Im Inneren setzt sich dieser Elan fort, auch wenn die großen, mittigen Fensteröffnungen zur Straßenseite die freie Raumeinteilung auf zwei Geschosse nicht sichtbar machen.

Die Architekten von GAAGA studio for architecture aus Den Haag nutzten das überschaubare Baugrundstück von nur neun Metern Breite und 16 Metern Tiefe für ein Wohnhaus auf quadratischem Grundriss. Die Innenräume des Single-Domizils mit insgesamt 108 Quadratmetern Wohnfläche öffnen sich rückseitig zu einem kleinen Garten. Durch unterschiedliche Deckenhöhen entsteht eine aufgelockerte und abwechslungsreiche Wohnlandschaft mit spannungsreichen Räumen. Gleich neben dem Eingangsbereich im Erdgeschoss dehnt sich ein hoher Luftraum bis unter das Holzdach. Das großzügige Entree verschränkt die beiden Stockwerke des Hauses miteinander und bedingt den L-förmigen Grundriss der Wohnflächen. Entsprechend der Achse der tiefgelegenen Dachkehle befinden sich die Erschließungszonen in der Mitte des Grundrisses. An den zentralen Flur gliedern sich zwei Schlafräume und ein Bad an. Westlich der Treppe streckt sich ein hoher, vielfach nutzbarer Raum über die gesamte Tiefe des Hauses bis zur Gartenseite.

Mit Deckenhöhen bis zu knapp über vier Metern verbindet das Obergeschoss Küche, Wohn- und Essbereich zu einem offenen Raum unter dem Dach. Dabei gliedern die mittige Treppe und der Knickpunkt der holzverkleideten Dachfläche den Wohnbereich in zwei optisch voneinander getrennte Zonen. Auf der Westseite liegt die Küche – mit Blick über eine weiß verputzte Brüstung durch den Luftraum in das Erdgeschoss. Ihr ordnet sich ein Essbereich zu, der nahtlos in den straßenseitigen Wohnraum übergeht. Ausblicke durch große Fenster in das Erdgeschoss und auf die Gartenseite geben dem kompakten Raum eine stets wechselnde Atmosphäre, die von der Belichtung unterschiedlicher Zonen im Lauf des Tages lebt.

RECHTS: Anders als seine Nachbarn kehrt das Single-Haus die Giebeldachstruktur einfach um. Der V-förmige Einschnitt gibt der Fassade ein ungewöhnliches, dynamisches Gesicht. Die Fenster und die gläserne Eingangstür lassen keine Rückschlüsse auf die Raumaufteilung im Inneren zu.

VORHERGEHENDE SEITE: Unter dem holzverkleideten Dachstuhl im Obergeschoss breitet sich ein durchgängiger Raum aus, der sich von der Straßen- bis zur Gartenseite erstreckt. Die einzelnen Zonen sind dabei um die mittige Treppe und den Knickpunkt der Dachflächen gruppiert.

LINKS OBEN: Von der Küche fällt der Blick auf den Luftraum, der das Erdgeschoss mit der Wohnetage verbindet, und weiter durch ein großes Fenster auf die Straßenseite.

LINKS UNTEN: Der großzügige Erdgeschossraum kann flexibel genutzt werden – zum Arbeiten, als Gästezimmer oder als zusätzlicher Wohnbereich. Unterschiedliche Deckenhöhen geben den Innenräumen eine dynamische Atmosphäre.

RECHTS OBEN: Weiße Putzflächen und Holz geben den Grundton der offenen Wohnlandschaft an. Trotz überschaubarer Flächen lässt der Grundriss ein spannungsreiches Ensemble unterschiedlicher, offen ineinander übergehender Zonen entstehen.

RECHTS UNTEN: Im gesamten Haus sind Natursteinplatten auf den Böden verlegt. Die Treppe greift mit ihren Holzstufen das Material der Dachverkleidung auf.

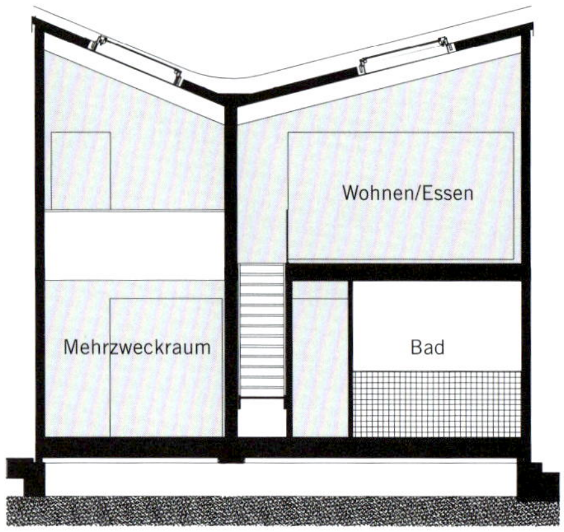

Querschnitt

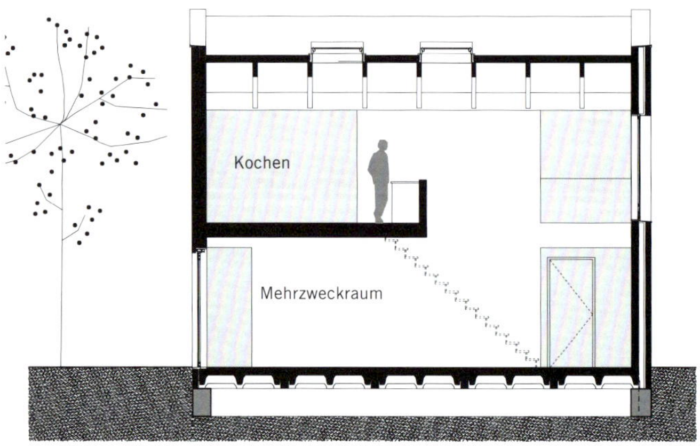

Längsschnitt

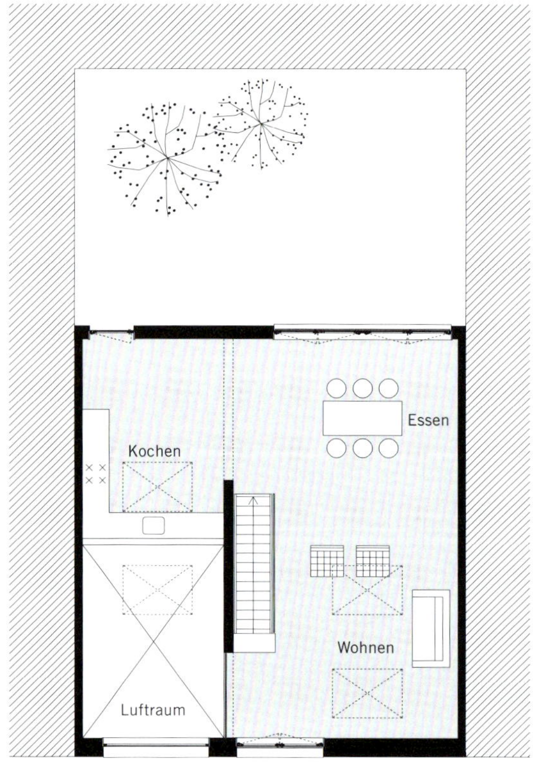

Obergeschoss

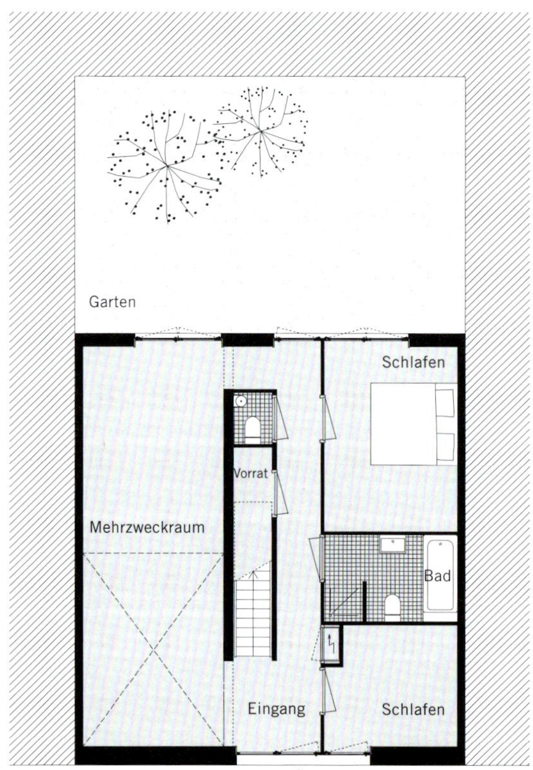

Erdgeschoss

KOSTENSPARENDE MASSNAHMEN

Der kompakte Gebäudekörper mit seinen flachen Fassaden kommt ohne Auskragungen und Vorsprünge aus, was sich deutlich auf die Kosten auswirkte. Durch kostengünstige, einfache Details und Materialien blieb sogar noch ein Extrabudget für die architektonischen Hauptmerkmale des Hauses übrig, nämlich das V-förmige Holzdach und den großzügigen Luftraum im Inneren.

OBEN: Zwischen den Nachbarn des Neubaugebiets in Leiden eingekeilt, gibt die weiß verputze Fassade des V-Hauses eine freche Geste vor und ordnet sich gleichzeitig dem Rasterprinzip des Bebauungsplans unter.

GEBÄUDEDATEN

Grundstücksgröße: 144 m²
Wohnfläche: 108 m²
Zusätzliche Nutzfläche: 39 m²
Anzahl der Bewohner: 1
Bauweise: Betondecken und -böden mit Kalksandsteinfassade
Baukosten gesamt: 211.200 €
Baukosten je m² Wohn- und Nutzfläche: 1.437 €/m²
Heizwärmebedarf: 35 kWh/m²a
Primärenergiebedarf: 77 kWh/m²a
Fertigstellung: 2010

Lageplan

SILVIA SCHELLENBERG-THAUT UND SEBASTIAN THAUT, ATELIER ST

» Der Neubau strahlt Zurückhaltung und Geborgenheit aus, spielt mit Zeitgeist und Tradition. Daraus entsteht ein selbstverständliches Wohngefühl. Hinzu kommt das einzigartige, konstruktionsbedingte Raumklima: Es duftet immer so schön nach Holz. «

FAMILIENURLAUB IM MÄRKISCHEN KIEFERNWALD

1.452 €/m²

Wochenenddomizil in Köris, Brandenburg

Als hätte es schon immer dort gestanden, duckt sich das neue Wochenendhaus der Architekten Silvia Schellenberg-Thaut und Sebastian Thaut unter die hohen Bäume des märkischen Kiefernwaldes. Die umliegende Natur samt den benachbarten Seen machen das kleine Waldhaus in Köris zu einem perfekten Entspannungsort für die Familie. Mittig auf dem großen Waldgrundstück platziert, greift das Holzhaus die Proportionen und das Erscheinungsbild des Vorgängerbaus auf. Durch die dunkle Holzverschalung und das leicht ausladende Dach erinnert der Neubau an ein Hexenhäuschen aus der Märchenwelt.

Wie Bilderrahmen öffnen sich die wenigen, sorgfältig platzierten Fenster mit weiß gestrichenen Blenden zur Natur und setzen Akzente in den dunkel lasierten Kiefernholzfassaden. Die Innenräume greifen diesen Farbkontrast mit einer durchgängig weiß gehaltenen Holzverkleidung für Wände, Böden und Decken auf. Sie verbreiten ein behagliches skandinavisches Flair und lassen die Wohnflächen trotz ihrer Überschaubarkeit auf nur 62 Quadratmetern großzügig wirken.

Der Grundriss ist ebenso kompakt wie übersichtlich organisiert. Im Westen öffnet sich der zentrale Wohnraum auf eine vorgelagerte Loggia. Seine Deckenhöhen dehnen sich bis unter das Dach aus, sodass trotz der bescheidenen Fläche ein großzügiger Eindruck entsteht. Auf die schmale Galerie, die den Wohnraum mit einer Bibliothek und Rückzugsmöglichkeit für Gäste erweitert, führt eine platzsparende Leiter. Durch das große Fenster, das die gesamte Fassadenbreite des Wohnbereichs einnimmt, bleibt die Natur auch im Innenraum präsent. Eine zusätzliche Blickachse durch das gesamte Haus zieht die große Durchreiche vom Essbereich zur Küche. Am östlichen Eingang runden eine kleine Diele, das Bad und die Küche mit maßgefertigten Holzschränken das Raumarrangement im Erdgeschoss ab. Die Schlafräume im ersten Stock schmiegen sich wie gemütliche Kojen unter das Satteldach des Hauses und wiegen die Bewohner in märchenhafte Träume.

RECHTS: Das kleine Holzhaus ist mittig auf dem Waldgrundstück platziert und strahlt sowohl Zurückhaltung als auch Geborgenheit aus. Die Fassade aus dunkel lasiertem Kiefernholz kontrastiert mit den weißen Fensterrahmungen.

LINKS OBEN: In den Innenräumen entsteht durch einheitliche weiße Wandverkleidungen und Böden aus Kiefernholz eine freundliche und helle Atmosphäre mit skandinavischem Flair. Vom Wohnbereich führt eine Leiter auf die kleine Galerie. Ein Holzofen wärmt das ganze Haus.

LINKS UNTEN: Eine große Durchreiche verbindet die Küche mit dem Wohnbereich und zieht eine lange Blickachse durch das ganze Haus. Die Küche ist eine Einzelanfertigung vom Schreiner und erhält durch traditionsbewusste Porzellangriffe einen individuellen Charme.

RECHTS: Wohn- und Essbereich erstrecken sich bis unter das Dach des kleinen Hauses. Das raumhohe Fenster nimmt die gesamte Fassadenbereite auf und gibt den Blick in den märkischen Kiefernwald frei. Im Sommer erweitert die vorgelagerte Loggia die Räume.

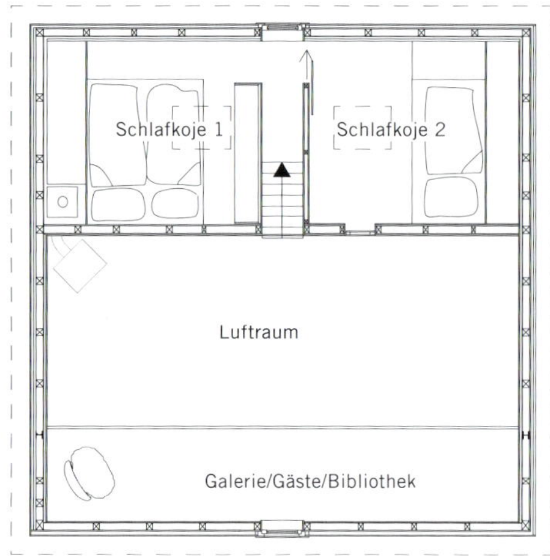

Obergeschoss

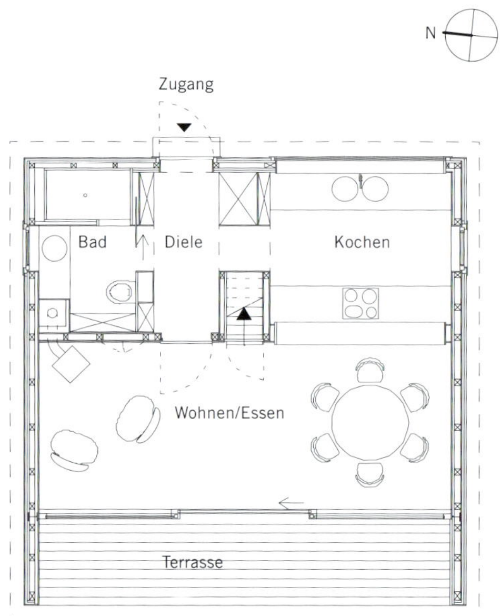

Erdgeschoss

KOSTENSPARENDE MASSNAHMEN

Grundfläche und Raumaufteilung sind auf das Notwendige beschränkt. Die Schlafzimmer sind eher Kojen als Räume, anstatt Treppen sind Leitern und Stiegen eingesetzt. Kosten spart auch das Fundament des Hauses: Es wurde nicht auf der üblichen Stahlbetonbodenplatte, sondern auf einer Holzbodenplatte mit umlaufenden Streifenfundamenten errichtet. Statt einer kostspieligen Heizungsanlage gibt es einen kleinen Kaminofen, der das gesamte Haus heizt.

OBEN LINKS: Mitten in der Natur gelegen, ist das kleine Holzgebäude ein idealer Ort zur Erholung am Wochenende. Von außen präsentiert es sich wie ein kleines Hexenhäuschen und vereint Zeitgeist und Tradition unter seinem Satteldach.

UNTEN: Auf das Notwendigste reduziert, beschränkt sich das Bad wie das gesamte Haus auf Wände und Böden aus Kiefernholz. Eine Stufe führt in den Nassbereich, in dem rundherum Knopfmosaikfliesen verlegt sind.

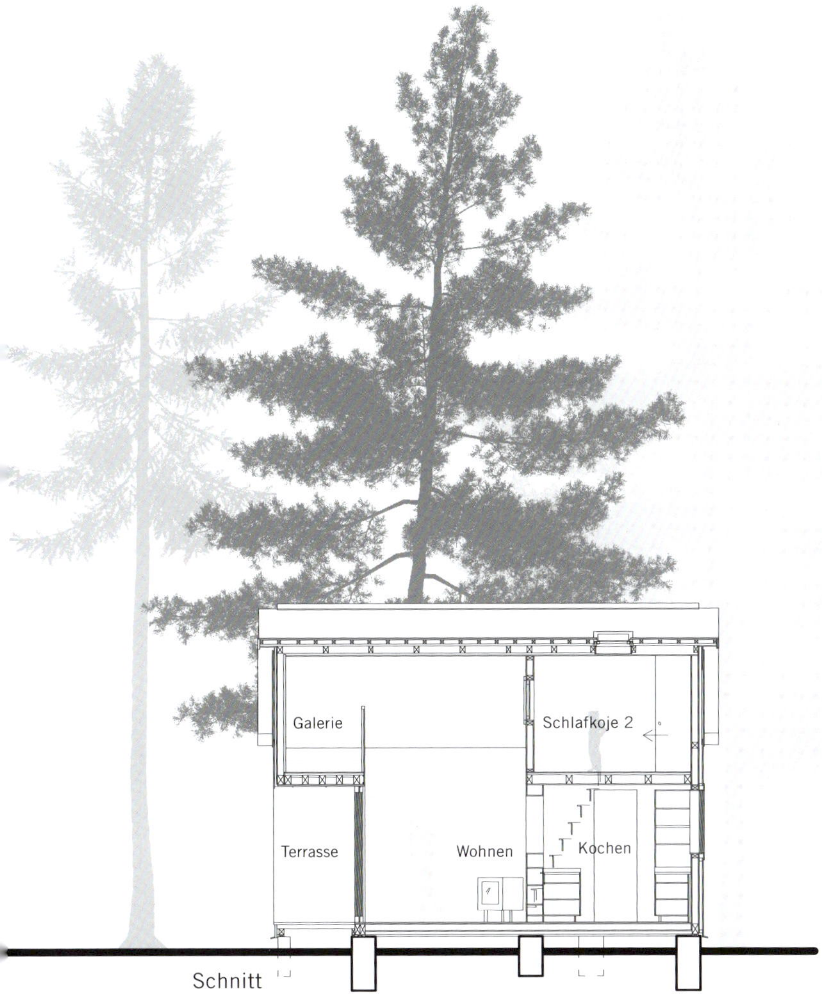

Schnitt

GEBÄUDEDATEN

Grundstücksgröße: 2.000 m²
Wohnfläche: 62 m²
Anzahl der Bewohner: 3
Bauweise: Holzkonstruktion
Baukosten gesamt: 90.000 €
Baukosten je m² Wohn- und Nutzfläche: 1.452 €
Fertigstellung: 2010

Lageplan

LARS UND DANIELA PELLEMEIER, PELLEMEIER ARCHITEKTEN

» Die Langlebigkeit der Materialien zahlt sich in der täglichen Nutzung aus. Ein positiver Nebeneffekt ist, dass die Klinkerfassade an warmen Tagen die Sonnenenergie speichert und abends wieder abstrahlt. So kann man die Terrasse bis in die Abendstunden nutzen. «

KLASSISCHE PROPORTIONEN

1.452 €/m²

Einfamilienhaus in Lienen

Das neue Zuhause und Büro der Architekten Daniela und Lars Pellemeier liegt auf einer Kirschbaumwiese in Lienen am Teutoburger Wald. Ein Bachlauf säumt das idyllische Grundstück, zwischen dessen Baumbestand sich das Zeltdach des Hauses über rotbraunen Klinkerfassaden aufspannt. Schmale Lisenen gliedern die Außenwände des klassizistisch anmutenden Quaders. Im Norden befindet sich die Eingangsseite mit mittig platzierter Haustür. An der Gartenseite im Süden hingegen ist ein zentraler Portikus vorgesetzt, der im ersten Stock einen Balkon aufnimmt. Mit raumhohen Fenstern öffnet sich der Massivbau auf drei Seiten zur umlaufenden Terrasse und zum Garten.

Der Grundriss organisiert die Wohn- und Arbeitsflächen um eine zentrale Eingangshalle, deren Luftraum sich bis in den ersten Stock ausdehnt und beide Geschosse miteinander verzahnt. Die Küche im nördlichen Bereich des Erdgeschosses ist als eigenständiger Raum vom angrenzenden zentralen Wohnraum abgetrennt. Mit großzügigen Flächen und Ausblicken in den Garten gehen Ess- und Kaminbereich im rückwärtigen Teil des Hauses ineinander über. Die Arbeitsräume und Büros der Architekten liegen im westlichen Gebäudeteil und in gebührendem Abstand zu den Privaträumen.

Der Galerieraum im ersten Stock öffnet sich zu einem hellen Wohnflur mit Südbalkon. Beidseitig sind die zwei Kinder- sowie ein Elternschlafzimmer und ein großes Bad angeschlossen. Parkettböden und Fensterrahmen aus heimischer Eiche, das schlichte Treppengeländer aus dunklem Stahl und die nüchternen weißen Wände, deren Untergrund aus Kalkzementputz mit mineralischer Farbe gestrichen wurde, verleihen den Räumen eine unaufgeregte, klassische Atmosphäre.

RECHTS: Über die rotbraunen Klinkerfassaden des Hauses spannt sich ein Zeltdach. Schmale Lisenen und der strenge Fensterrhythmus erinnern an klassizistische Vorbilder. Zur Gartenseite öffnet sich der Kubus mit einem Portikus (unten).

Mit Bedacht setzten Daniela und Lars Pellemeier regionale Materialien bei der Planung des Hauses ein. Die Langlebigkeit von Holz und Klinker bringt Vorteile bei der Wartung des Hauses. So haben die Materialien nicht nur ökologische Vorzüge, sondern sind auf lange Sicht auch kostengünstig. Die Kombination aus einer Erdsondenwärmepumpe, Solaranlage sowie einem zentralen Kamin reduziert die Heizwerte auf Niedrigenergiestandard. In der Küche läuft die Haustechnik in einer Multimediazentrale zusammen, die sämtliche Räume über einen Server miteinander verbindet und mit einem Bus-System bedient wird.

LINKS OBEN: Richtung Süden breitet sich der großzügige Wohnbereich mit Kamin und raumhohen Fenstern zum Garten aus. Die Küche lässt sich durch eine Schiebetür abtrennen.

LINKS UNTEN: Glaselemente um die Tür lenken das Licht vom Wohnbereich in die zentrale Halle des Hauses.

RECHTS: Die mittige Kochinsel in der Küche wird an ihrer Schmalseite als Bistrotisch genutzt (oben). Ein hölzerner Einbauschrank fasst die Multimediazentrale, welche die gesamte Haustechnik steuert (unten).

LINKS: Von der Eingangshalle führt eine Treppe in den ersten Stock, der durch einen Luftraum mit dem Erdgeschoss verbunden ist (unten). Die Galerie wird als Wohnflur genutzt und gruppiert die Schlafzimmer um sich (oben). Das durchgängige Eichenholzparkett unterstreicht die zurückhaltende und klassische Anmutung der Räume.

RECHTS: Als ruhiger Raum der Konzentration konzipiert, ist das Büro der Architekten im Erdgeschoss von den Wohnflächen getrennt. Bodentiefe Fenster öffnen das Zimmer zum Garten.

UNTEN: Die dunklen Fliesen in den Nassbereichen der Bäder greifen die Farbigkeit der Fassaden auf. Eine freistehende Wanne und ein Duschvorsprung gliedern die Fläche des großzügigen Badezimmers im ersten Stock (rechts). Den Waschtisch fertigte ein Tischler als durchgängiges Einbaumöbel nach Entwürfen der Architekten.

LINKS: Die mittige Eingangstür aus Eichenholz lässt durch seitliche Glasflächen Einblicke nach innen zu.

KOSTENSPARENDE MASSNAHMEN

Vor allem beim Innenausbau gab es Möglichkeiten, die Kosten zum Beispiel durch wiederkehrende Bauelemente und Materiali-en zu reduzieren. Nahezu im gesamten Haus ist ein Bodenbelag aus Eichenholzparkett verlegt. Die Innenwände sind mit Kalk-zement verputzt und mit einer mineralischen Farbe gestrichen, so entfielen aufwendige Tapezier- und Malerarbeiten. Darüber hinaus sind durch die hochwertige und pflegeleichte Fassade und eine abgestimmte Haustechnik die laufenden Kosten des Gebäudes überschaubar.

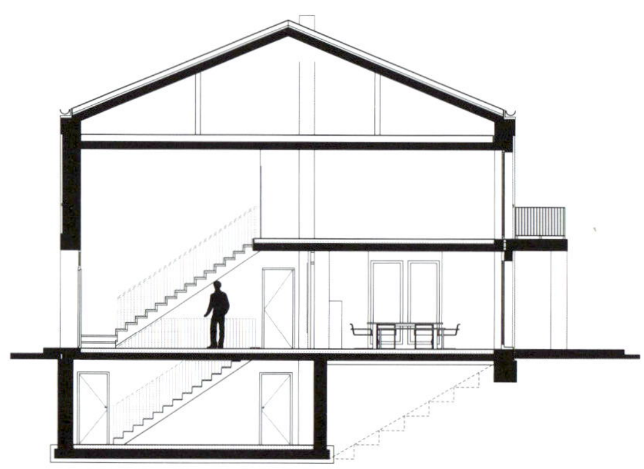

Schnitt

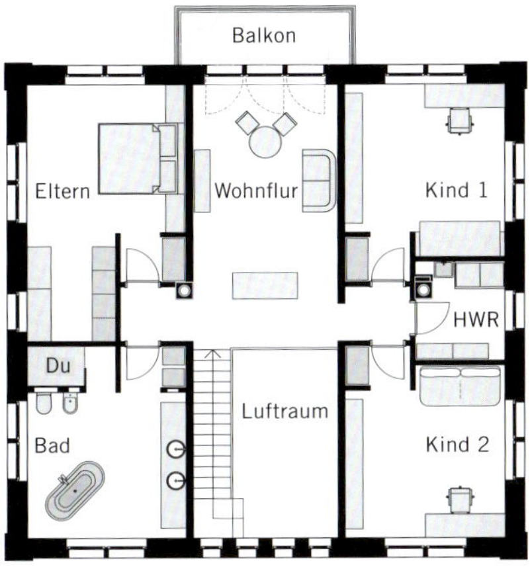

Obergeschoss

GEBÄUDEDATEN

Grundstücksgröße: 8.400 m²
Wohnfläche: 240 m²
Zusätzliche Nutzfläche: 70 m²
Anzahl der Bewohner: 2–4
Bauweise: zweischaliges Mauerwerk mit vorgesetzter Klinkerfassade
Baukosten gesamt: 450.000 €
Baukosten je m² Wohn- und Nutzfläche: 1.452 €
Heizwärmebedarf: 18 kWh/m²a
Primärenergiebedarf: 39,3 kWh/m²a
Fertigstellung: 2010

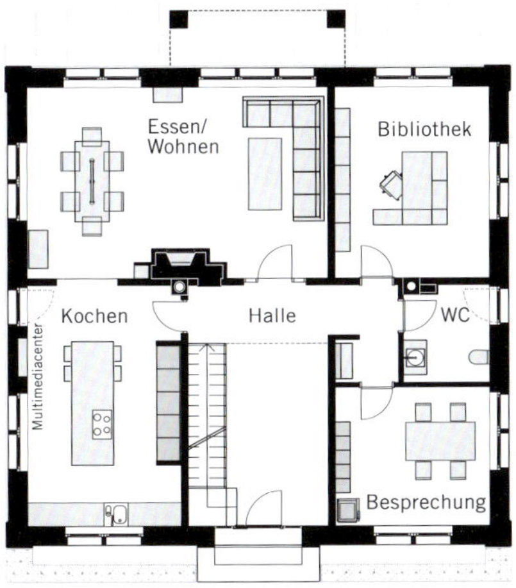

Erdgeschoss

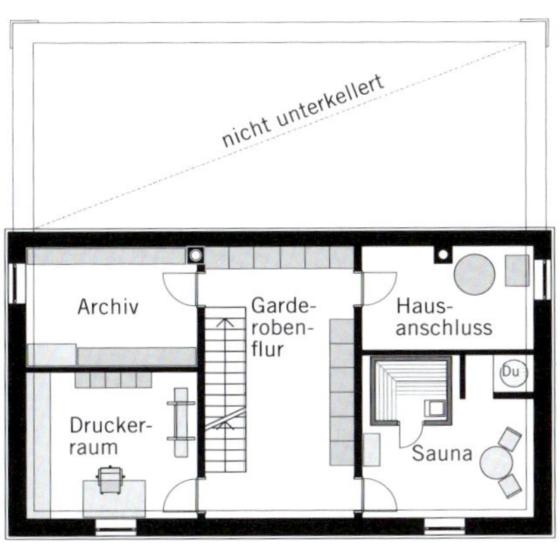

Untergeschoss

Lageplan

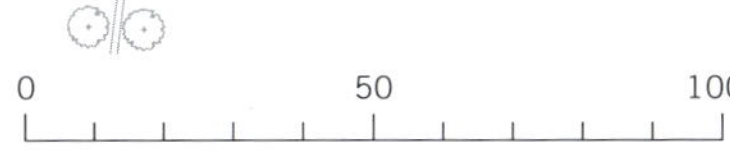

ANHANG

Architektenverzeichnis und Bildnachweis

ATELIER ST
Silvia Schellenberg-Thaut, Sebastian Thaut |
Architekten BDA
Kochstraße 28, Fabrikgebäude
04275 Leipzig
www.atelier-st.de

Niedrigenergiehaus im Altenburger Land, Thüringen (S. 88)
Mitarbeit: Ludwig Uphues, Uwe Krauße (Bauleitung)
Fotos und Porträt: Bertram Bölkow Fotodesign, Leipzig

Wochenenddomizil in Köris, Brandenburg (S. 144)
Mitarbeit: Marion Mendler
Fotos: Werner Huthmacher, Berlin

BAUER ARCHITEKTEN BDA
Gunta-Stölzl-Str. 11
99425 Weimar
www.bauerarchitekten.de

Einfamilienhaus am Horn in Weimar (S. 94)
Projektleitung: Karsten Bauer
Fotos: Karsten Bauer Architekt BDA, Weimar
Porträt: Detlev Vogelsberg, Weimar

ANDREA UND HARALD BAUMANN
Vaihinger Landstraße 109
70195 Stuttgart
www.baumannarchitects.de

Split-Level-Kubus in Stuttgart (S. 58)
Fotos: archigraphie, Steffen Vogt, Stuttgart
Porträt: Archiv Architekten

BBLAB – ARCHITECTURE LABORATORY
Ana Bonet Miró, Luca Brunelli
c/ Leganitos 1, 1° Dcha
28013 Madrid
Spanien
www.bblab.es

J-House in Rocafort bei Valencia (S. 34)
Mitarbeit: Ana Bonet Miró und Luca Brunelli (Projektleitung), Jean-Baptiste Joye, Carla de Prada, Juan Labato, Paloma Quiralte, Paula Cortés
Fotos: Ricardo Espinosa Ruiz, Madrid
Porträt: Archiv Architekten

THOMAS BEYER ARCHITEKTEN
Oranienburger Str. 16
10178 Berlin
www.beyerarchitekten.de

Wohnhaus in Caputh, Brandenburg (S. 100)
Fotos: Thomas Beyer
Porträt: Ruth Kaltenhäuser

BENEDIKT BOSCH
Hospitalstr. 26
70174 Stuttgart
Benedikt.Bosch@web.de

Ferienhaus im Bregenzerwald (S. 50)
Fotos: nam architekturfotografie, Norman A. Müller, Dornbirn
Porträt: Nadine Lorenz, Stuttgart

IÑAQUI CARNICERO ESTUDIO
Avenida del Rodeo n° 47
Madrid 28250
Spanien
www.inaquicarnicero.com

Haus 1+1=1 bei Madrid (S. 42)
Fotos: Iñaqui Carnicero;
außer S. 42 u.: Roland Halbe,
S. 45 u.l.: Eugeni Pons,
S.46 o.: Gunnar Knechtel
Porträt: Iñaqui Carnicero Estudio

CLAUS EN KAAN ARCHITECTEN
Krijn Taconiskade 444
1087 HW Amsterdam
Niederlande
www.clausenkaan.com

Reihenhaus in Amsterdam (S. 108)
Projektleitung: Felix Claus, Dick van Wageningen
Mitarbeit: Caro van Dijk, Kerstin Hartevelt
Fotos: Luuk Kramer;
außer S. 109: Christian Richters
Porträt: Archiv Architekten

DENZER & POENSGEN
Architektur + Innenarchitektur
Zum Rott 13
53947 Marmagen
www.denzer-poensgen.de

Wohnhaus in der Eifel (S. 122)
Projektleitung: Andrea Denzer
Mitarbeit: Oliver Greven, Sabine Piechotta, Maike Lausen
Fotos: Johannes Kottjé
Porträt: Roswitha Kaster

DVA ARHITEKTA
Antuna Bauera 2
10000 Zagreb
Kroatien
www.dva-arhitekta.hr

Familienresidenz in Zagreb (Kroatien) (S. 74)
Projektleitung: Tomislav Ćurković,
Zoran Zidarić
Mitarbeit: Maja Markus

Fotos: Robert Leš, Zagreb
Porträt: Tomislav Burgund, Zagreb

WOLFGANG FISCHER

Kürnachtalstr. 6b
97976 Würzburg
www.atelier-fischer.com

Wohnhaus mit Atelier in Würzburg (S. 26)
Fotos: Thomas Nutt, Hamburg;
außer S. 28 o., 29 o., 32: Dietner Leistner
Porträt: Helen Fischer

GAAGA STUDIO FOR ARCHITECTURE

Wattstraat 8
2316 SK Leiden
Niederlande
www.gaaga.nl

V-Haus in Leiden (S. 136)
Projektteam: Esther Stevelink, Arie Bergsma
Fotos: Marcel van der Burg
Porträt: Archiv Architekten

LEONA GEITNER DIPL.-ING. ARCHITEKTIN

Drosselweg 6
40489 Düsseldorf
www.geitner-architekten.de

Einfamilienhaus in Düsseldorf (S. 66)
Fotos: Michael Reisch, Düsseldorf
Porträt: Heike Damer

HERTL.ARCHITEKTEN

Pachergasse 17
4400 Steyr
Österreich
www.hertl-architekten.com

Einfamilienhaus in Wartberg an der Krems
(S. 20)
Mitarbeit: Gernot Hertl (Projektleitung),
Caroline Waglhuber
Fotos: Walter Ebenhofer, Steyr; außer S. 22,
S.23 o.: MG I Die Einrichter, Wartberg/Krems
Porträt: Pixelkinder, Linz

KUPFERSCHMIDT ARCHITEKTEN

Peter Kupferschmidt Dipl.-Ing. Architekt
Wiedenmayerstr. 18
80538 München
www.kupferschmidt.de

Einfamilienhaus Kubox in Weßling, Bayern
(S. 128)
Fotos: Kupferschmidt Architekten/Sébastien
Harley-Smeur, München
Porträt: Monika Hoefler, München

LP ARCHITEKTUR ZT GMBH

Geschäftsführer: Tom Lechner
Hauptstraße 46
A-5541 Altenmarkt im Pongau
Österreich
www.lparchitektur.at

Wohn- und Atelierhaus in Radstadt (S. 116)
Mitarbeit: Florian Lüftenegger (Projektleitung
und Ausführungsplanung), Volker Wortmeyer
(Entwurf)
Fotos: Volker Wortmeyer, Nordholz
Porträt: LP architektur

SONIA MIRALLES MUD

Calle Alemania 34, 6C
0300 Alicante
Spanien
mirallesmud@gmail.com

Ferienhaus La Marseta bei Alicante (Spanien)
(S. 12)
Mitarbeit: Jose Higinio Motilla,
Maribel Requena
Fotos: David Frutos
Porträt: Archiv Architekten

ULRICH MÜLLER ARCHITEKT

Karl-Marx-Allee 96
10243 Berlin
info@architekturgalerieberlin.de

Haus Emmzett in Magdeburg (S. 82)
Fotos: Stefan Müller, Berlin
Porträt: Silke Helmerdig, Berlin

PELLEMEIER ARCHITEKTEN

Am Schoppenhof 6
49536 Lienen
www.pellemeier-architekten.de

Einfamilienhaus in Lienen (S. 150)
Entwurf, Projektleitung: Daniela Pellemeier,
Lars Pellemeier
Fotos: Roland Borgmann, Münster
Porträt: Archiv Architekten

Foto S. 9: Klaus Knuffmann
Die Pläne stammen von den jeweiligen
Architekten.

IMPRESSUM

FSC
www.fsc.org
MIX
Papier aus verantwortungsvollen Quellen
FSC® C012425

Das für dieses Buch verwendete FSC®-zertifizierte Papier *Profisilk* liefert IGEPA.

Dieses Buch ist in Zusammenarbeit mit dem internationalen Architekturmagazin HÄUSER entstanden und bildet die Ergebnisse de HÄUSER-Award 2012 ab.

2. Auflage 2012

Grafische Gestaltung und Herstellung: Susanne Hermann/DVA
Lithografie: Reproline Mediateam, München
Druck und Bindung: Offizin Andersen Nexö, Leipzig
Printed in Germany
ISBN 978-3-421-03858-6

www.dva.de